à mon ami Henri Vheillier
souvenir cordial et dévoué,
Alfred Giroux
Paris 12 septembre 1871.

CARNET D'ÉTAPES

GARDE NATIONALE MOBILISÉE DU NORD

CARNET

D'ÉTAPES

DU 2e BATAILLON

DU 4E RÉGIMENT DE MARCHE

A L'ARMÉE DU NORD

NOTES POUR SERVIR A L'HISTOIRE DE LA CAMPAGNE DE FRANCE EN 1870 ET 1871

« Soldats !

. . . .

« Vous pouvez être fiers de vous-mêmes, et vous avez bien mérité du pays.

. . . .

Ce que vous avez souffert, ceux qui ne l'ont pas vu ne pourront jamais se l'imaginer. .... »

(Ordre du jour du général FAIDHERBE à l'armée du Nord. — Douai 24 Janvier 1871.)

Par le capitaine ALFRED GIRARD
(AVOCAT, DOCTEUR EN DROIT).
Volontaire au 2e Bataillon

PARIS
A. LACROIX. VERBOECKHOVEN ET Cie
ÉDITEURS
Boulevard Montmartre, 15
1871

AU CITOYEN

GAMBETTA

Membre du Gouvernement de la Défense Nationale

ET AU GÉNÉRAL

FAIDHERBE

Général en Chef de l'Armée du Nord

En tête de ces notes indignes, j'ose écrire ces deux noms illustres.

Gambetta la résistance incarnée; homme d'action virile et de foi profonde, qui sentit battre en lui le cœur de la Patrie :

Faidherbe, le général Républicain; soldat savant, austère et modeste, qui commanda l'admiration à l'arrogance prussienne :

La France, à l'heure de ses désastres, n'eut pas de plus grands citoyens !

Si la Nation, émasculée par vingt années d'Empire, se fut partout dressée à leur hauteur, nous recommencions, devant l'Europe, la légende de nos pères héroïques; 1871 devenait 1792.

A. G.

Valenciennes, 19 juillet 1871.

*
* *

Le rôle « *très-honorable* » (1) des Gardes-nationaux mobilisés du Nord, dans la dernière campagne, n'est point généralement connu. Beaucoup ignorent encore l'abnégation et le dévouement qui les distinguèrent.

L'opinion publique a été égarée. Et elle l'a été par ceux-là mêmes à qui leurs antécédents eussent dû conseiller plus de réserve.

J'entends par là les hommes funestes, qui, ayant escamoté le vote plébiscitaire, en vue, répétaient-ils, de garantir la paix, — s'en furent, au lendemain du scrutin, précipiter, le cœur léger, dans la guerre allemande, la France qui ne la voulait point.

Mais cette opinion, irrécusable aujourd'hui, du pays, comment, alors, seulement l'exprimer? Le maître taciturne, qu'on gardait aux Tuileries, n'était-il point infaillible? Et qui se hasardait à quelque timide objection, ne pouvait être qu'un *Prussien*, ou pis encore un *Républicain*.

Hélas !

Les clameurs : A *Berlin!* retentissaient encore; et, déjà, — nos armées balayées, comme une poussière

(1) Ordre du jour du général Faidherbe — 26 février 1871. Rapporté *in extenso*, à l'appendice A).

au souffle du vent, — voilà que l'écho répondait par un cri sinistre : l'Invasion ! ! !

Alors, tous les pourfendeurs, qui voulaient aller à Berlin, devinrent tout à coup silencieux. Prudemment, ils s'éclipsèrent, loin, bien loin du danger. Et, pour la défense de la Patrie envahie, il ne resta plus debout, sur le sol sacré, que ces *Prussiens de l'intérieur* et ces *Républicains*.

Ce qu'ils rêvèrent et ce qu'ils firent, appartient désormais à l'Histoire. Mais, en attendant le jugement de l'Avenir, le Présent ne leur peut dénier d'avoir tenté l'effort suprême ; et si leur succès ne fut point égal à leur courage, ils nous rendirent, au moins, ce qui fait les nations, ce qui permet aux peuples écrasés de se relever, tôt ou tard, et de revivre : — l'honneur, que nous avions perdu.

Lorsque ceci se fut accompli, et qu'il n'y eût plus place au péril, les hommes du voyage à Berlin, les mêmes qui nous avaient appelés *Prussiens*, s'enhardirent à reparaître, et ils reprirent le verbe haut, pour nous reprocher — dérision ! — *la guerre à outrance :* la guerre, qu'ils avaient évoquée, mais n'avaient point soutenue, la guerre que nous avions maudite, mais avions seuls subie.

En même temps, et comme rien n'est plus haïssable pour ces sortes de gens, que les vertus ou les qualités dont ils manquent, — tout ce qui avait, dans la lutte, montré quelque génie, quelque virilité, devint un but à leur systématique dénigrement.

Ce fut cet Homme d'Etat ; — ce fut ce Général ; —

ce fut cette Armée ; — ce furent aussi ceux de leurs concitoyens ; — bourgeois de la veille, soldats d'un jour, — coupables de l'accomplissement d'un devoir, auquel d'autres s'étaient dérobés.

Vous souvient-il du retour, mes camarades?

A vous aussi, ces patriotes sédentaires ont « *trouvé bonne mine* ». Qui donc disait que vous aviez souffert?

A vous aussi, ces braves du coin du feu ont benoitement demandé si vous aviez, quelquefois, entrevu de loin le casque à pointe. Qui donc vous imaginait en danger?

Là, franchement, bien en confidence, n'aviez-vous pas eu trop peur, au moins?

Suprême outrage ! il s'en trouva, qui prirent votre défense, et plaidèrent..... « *les circonstances atténuantes* ».

Il fallait simplement plaider *la vérité*.

C'est ce que je tente aujourd'hui, dans la mesure modeste qui m'est permise.

Aux chefs seulement apparaît l'ensemble, et sont révélées les vues générales.

Le soldat, lui, ne voit que son coin de fumée ; et ce serait trop exiger que de lui rien demander, par delà son horizon restreint.

C'en est assez, d'ailleurs, de cet humble récit, pour vous restituer ce qui vous appartient. Vous, avec qui j'ai rompu le biscuit, montrez seulement *le relevé de vos étapes*. Cela suffit, compagnons, à vous mériter le plus précieux des témoignages, celui que vous rendit, dans Douai, votre général en chef :

« *Soldats !*

« . . . .

« *Vous pouvez être fiers de vous-mêmes, et vous* « *avez bien mérité du pays.*

« *Ce que vous avez souffert, ceux, qui ne l'ont pas* « *vu, ne pourront jamais se l'imaginer.* . . . . . (1). »

(1) Ordre du jour du général Faidherbe, — Douai 21 Janvier 1871 (voir à l'appendice : A).

I

PREMIÈRE ORGANISATION

Grâce à l'activité du Comité Administratif (sous-Préfecture) de l'arrondissement de Valenciennes, le décret de la délégation du gouvernement de la Défense nationale, des 29 septembre — 5 octobre 1870, fut rapidement exécuté (1).

Dès la fin d'Octobre, les contrôles étaient dressés, les compagnies formées, les élections faites.

(1) *29 Septembre — 5 Octobre 1870. — Décret relatif à l'organisation de compagnies de gardes-nationaux mobilisés* (Bulletin de Tours, N° 24).

En voici, les deux premiers articles.

« La délégation du gouvernement de la Défense nationale, décrète :

« Art. 1. Les Préfets organiseront immédiatement en compagnies de gardes-nationaux mobilisés :

1° Tous les volontaires qui n'appartiennent ni à l'armée régulière, ni à la garde nationale mobile ;

2° Tous les Français de 21 à 40 ans, non mariés ou veufs sans enfants, résidant dans le département.

« Art. 2. Ceux qui sont appelés à faire partie de l'armée active appartiendront à la garde nationale mobilisée, jusqu'au jour où le ministre de la guerre les réclamera pour le service de l'armée. »

Un décret postérieur, en date, à Tours, du 11 Octobre 1870, régla le détail de l'organisation.

L'arrondissement fournissait sept bataillons, (un, par canton), qui furent provisoirement numérotés dans l'ordre suivant :

1er Bataillon : — Canton de *Bouchain* ;
2me » — » » *Condé* ;
3me » — » » *S Amand-rive droite de la Scarpe* ;
4me » — » » *S Amand-rive gauche* ;
5me » — » » *Valenciennes - Est* ;
6me » — » » » *Nord* ;
7me » — » » » *Sud* ;

On consacra, sur place, le mois de Novembre au premier équipement et à l'instruction.

Trente jours suffirent, pour armer la légion (1), et pour habiller la plupart des hommes.

Concurremment, et dans le même délai, les compagnies apprirent le maniement d'armes et l'école de peloton.

(1) C'était la 9me légion du Nord ; — lieutenant-colonel, Alfred Brabant.

II

APPEL AU CHEF-LIEU

Le dimanche, 4 décembre, les sept bataillons qui, le 29 novembre, étaient entrés en solde du département, furent transportés au chef-lieu par des trains spéciaux. Toute la journée, les départs se succédèrent, au milieu d'un enthousiasme patriotique, que ne réussirent point à diminuer les premiers mécomptes de l'arrivée à Lille.

Là, en effet, se révéla, du premier coup, la criminelle incurie de l'Intendance.

Pendant trois mortelles heures, et par un froid glacial, on nous contraignit d'attendre, l'arme au pied, sur la grand'place. Les hommes y firent l'apprentissage de la bronchite, qui devait demeurer leur état normal, pendant toute la campagne. Et la nuit était venue depuis longtemps, lorsque des billets de logement chez l'habitant furent enfin distribués.

Mais tout n'était pas fini. Il fallait maintenant, dans l'obscurité, à travers une ville inconnue, gagner des faubourgs distants de plusieurs kilomètres. Dans plus d'une maison fermée, la porte ne s'ouvrit point. Toute cette nuit, des malheureux errèrent, sans argent, sans gîte et sans vivres, sous la morsure du froid.

Le lendemain, comme il n'était pas encore question du paiement de la solde, des capitaines durent faire l'avance du premier sou, à des camarades absolument dénués.

Malgré tout, on se mit résolument et joyeusement à la tâche.

On manœuvrait, chaque jour, pendant cinq heures, au Champ de Mars.

On travaillait à compléter l'habillement et l'équipement.

Malheureusement, dès le début, tous ces efforts se virent tenus en échec, par le désordre inimaginable de l'Administration militaire.

On gaspillait des jours entiers, pataugeant dans la neige fondue, sous le grésil ou sous la pluie, à la porte des magasins, pour toucher (et, le plus souvent, pour ne pas toucher) une bretelle de fusil ou une courroie de gourde. Et, le lendemain c'était à recommencer de plus belle, pour des sacs de corvée, des bâtons de tente, etc.,...

En même temps, les officiers et le lieutenant-colonel de la Légion, réclamaient quotidiennement :

1° Qu'on fit une inspection et une réparation sérieuses de nos fusils à silex transformés, pour la plupart impropres à tout usage, sinon même dangereux dans le rang ;

2° Qu'on délivrât des nécessaires d'armes, des tire-balles, des épinglettes, et surtout des cartouches, afin de permettre aux compagnies le tir à la cible, au moins une fois avant de voir le feu ;

3° Qu'on casernât les gardes-nationaux, pendant le temps de leur séjour à Lille, seul mais indispensable moyen de les initier rapidement aux principaux devoirs de la vie militaire, et d'en faire en une ou deux semaines, une troupe compacte, susceptible d'un service utile en campagne.

Ce fut en vain.

Les heures continuèrent à se dépenser, dans des démarches oiseuses et fatigantes : pour des billets de logement, qu'on ne renouvelait pas ; pour des états de l'équipement à nous fournir encore, que nous avions déjà donnés vingt fois, mais qu'on redemandait toujours, sans jamais rien livrer...

De temps en temps, une inutile parade, qui nous supprimait encore un jour d'exercice.

A ce régime, les mieux formés parmi nos soldats, oubliaient insensiblement tout ce qu'ils avaient antérieurement acquis d'instruction pratique ; les mieux trempés se sentaient, par degrés, gagner par le dégoût et le découragement.

D'autre part, mal vêtus, mal logés (1), mal nour-

(1) « *On ne peut s'empêcher de frémir d'indignation, en songeant à la coupable négligence qui a présidé au choix et à l'ameublement des casernes. Qu'on se figure des locaux complétement nus, malsains pour la plupart, privés de vitres ; c'est là que sur une botte de paille, par homme et par quinzaine sans toile, sans couverture, devront coucher, par un froid de dix degrés, les gardes nationaux mobilisés qui viennent de quitter leurs foyers, et dont on veut faire les sauveurs de la France.*

« *La première nuit surtout fut terrible : les hommes*

ris (1), les hommes commençaient à peupler les hôpitaux dans la plus inquiétante proportion.

Enfin, une nouvelle et dernière cause contribuait peut-être plus encore à mal disposer les esprits; parce que rien n'est plus insupportable au monde que l'injustice et l'inégalité. Je veux parler de ce favoritisme, inouï sous la République, qui fit sortir des rangs tant de *beaux fils*, précieux rejetons de familles riches ou seulement influentes. Chaque minute voyait s'esquiver quelqu'un d'eux, soit dans ces corps privilégiés, réservés jusqu'au bout, à l'indolent loisir des garnisons urbaines, soit dans les intendances, les manutentions, les bureaux... Il y en eut que nous prît même l'Administration civile. Il y en eut qui, on ne sait comment, parvinrent à regagner simplement leurs foyers. Et l'abus se renouvela si fréquemment qu'on put, dès avant le

qu'on faisait passer sans transition de la vie de famille à la vie de campagne, ignoraient pour la plupart la manière de s'installer. . . . .
à Lille plusieurs mobilisés furent trouvés presque morts de froid, et l'un d'eux ne put être rappelé à la vie.»

(Les Mobilisés du Nord, par le colonel Alexis Bel. Page II).

(1) Les gardes touchaient 1 franc par jour, pendant le séjour à Lille.

N'étant point réunis dans des casernes, mais disséminés chez l'habitant, ou dans les locaux, dont il est parlé à la note précédente, et que le colonel Bel indique plus loin être « *des filatures abandonnées ou des maisons à louer* », les mobilisés ne vivaient point à l'ordinaire. Chacun devait s'arranger et se suffire comme il pouvait.

départ de Lille, citer telle compagnie, dont l'effectif avait ainsi décru de près de la moitié.

Quand on eut, de la sorte, usé notre énergie et brisé notre élan, — le bruit se répandit de notre entrée immédiate en campagne. Il avait été dit tout haut, à l'état-major divisionnaire, que « *sous trois jours, on nous mènerait nous faire casser la gueule* (1). »

Mieux eut valu nous jeter au feu le premier jour. L'enthousiasme, alors, était profond. L'équipement et l'armement n'étaient guère plus insuffisants.

Quoiqu'il en soit, les lieutenants-colonels des Légions avaient un devoir à remplir. Ils n'y faillirent point. Et la lettre collective qu'ils adressèrent au général Robin, Commandant supérieur des Mobilisés, était alors un acte de courage. Voici cette lettre, datée de Lille, le 12 décembre 1870 :

« Mon général,

« Pour assurer le succès d'une entreprise quelconque, il s'agit bien moins de hâter outre mesure l'exécution de moyens arrêtés, que de préparer sagement, et lentement même les bases de l'organisation.

« Or, dans la décision que vous nous avez communiquée relativement au départ de la garde-nationale mobilisée, nous constatons avec douleur que non-seulement rien n'est convenablement préparé pour entrer en campagne, mais encore que l'instruction des cadres ainsi que celle de la troupe est tout à

(1) Textuel.

fait insuffisante, les questions d'armement et d'équipement ayant absorbé une grande partie du temps destiné aux exercices. Les hommes ne savent à peu près rien faire.

« Il est vrai qu'aux revues certains bataillons défilent avec assez d'ensemble, que les troupes présentent à ce moment un aspect militaire vraiment remarquable, mais nous vous ferons observer respectueusement, mon général, que cela n'a qu'une signification relative, et qu'il serait dangereux de baser une appréciation quelconque sur ce premier résultat.

« Nos soldats sont pleins de zèle, pleins de bonne volonté ; leurs chefs n'aspirent qu'au moment de les conduire où l'honneur de la France les appelle ; mais il est de notre devoir, à nous les chefs de ces légions que vous avez si rapidement organisées, de vous apporter ici l'écho des inquiétudes publiques.

« La plus grande partie de nos hommes, armés de fusils qu'un long repos a rouillés et détériorés, n'a jamais fait le premier coup de feu. Bien plus, la grande majorité, faute de nécessaires d'armes, faute d'indications précises, faute d'instruction, en un mot, ne sait ni démonter son arme, ni la nettoyer, ni l'entretenir.

« PLUS DE LA MOITIÉ MÊME DES HOMMES NE SAIT PAS FAIRE LA CHARGE. »

« L'armement n'a, d'ailleurs, aucune uniformité ; depuis le modèle 1812 jusqu'au chassepot, il y a de tout dans nos bataillons. Les havre-sacs, les petites gamelles, les bidons manquent à beaucoup d'hommes ; les chaussures, déjà usées tellement la qualité de la fourniture a été mauvaise, ont besoin d'être en grande partie remplacées. A côté de cela les questions d'organisation intérieure n'ont pas encore été résolues ; le service médical n'est pas assuré ; les compagnies hors rang ne sont pas faites ; les chefs de service dans la comptabilité n'ont pas encore eu le temps de s'instruire sur les nouveaux devoirs que leur impose le service en campagne. En un mot, mon général, nous pensons que nous ne pouvons pas partir dans de telles conditions, et que vraiment il y a lieu d'instruire davantage nos hommes avant de les envoyer combattre.

« En conséquence, nous avons l'honneur de vous prier de vouloir bien faire diriger chacune de nos légions sur un point bien déterminé qui puisse servir à l'instruction de nos hommes. Nous sommes persuadés d'avance, mon général, que la cause de la patrie y gagnera en peu de temps une armée jeune, vaillante et instruite, et capable d'écraser ceux qui ne craignent pas de déclarer qu'ils veulent l'anéantissement de la France....

« Veuillez agréer... Signé :

BRABANT, *lieutenant-colonel du 4me régiment de marche.* — CHAS, *lieutenant-colonel du 3me régiment de marche.* — DUBREUIL, *lieutenant-colonel du 2me régiment de marche.* — LOY, *lieutenant-colonel du 1r régiment de marche*

Mais le sort en était jeté ; et la division active des mobilisés dut se préparer à marcher.

Elle forma la deuxième division du vingt-troisième corps, et fut ainsi composée, sous le commandement du général Robin :

	effectif.
1re brigade,	
Colonel Brusley.	
Voltigeurs	379 hommes.
1er régiment de marche ..	1,618
2me régiment de marche ..	2,230
2me brigade,	
Colonel Amos.	
4me bataillon de la 5me légion	701
3me régiment de marche ..	1,757
4me régiment de marche ..	1,980
Total de l'effectif	8,665 hommes (1)

Le quatrième régiment, recruté dans la neuvième légion, lui avait emprunté quatre bataillons: Condé, Valenciennes-Est, Valenciennes-Nord et Valenciennes-Sud.

Le bataillon de Valenciennes-Est (cinquième de la neuvième légion) laissé sans commandant, par la promotion de son chef au grade de lieutenant-colonel, fut réparti dans les trois autres.

Et, en définitive le quatrième régiment de marche

(1) J'emprunte ces chiffres à la brochure déjà citée (page 28) du colonel Alexis Bel, Commandant en second des mobilisés.

avait, sous le commandement du lieutenant-colonel Brabant : pour premier bataillon, — commandant Dervaux, — le bataillon de Condé, plus la quatrième compagnie de l'ancien cinquième bataillon (Quarouble); pour deuxième bataillon, — commandant Pillion, — le bataillon de Valenciennes-Sud plus la troisième compagnie de l'ancien cinquième bataillon (Valenciennes-Ville); (1) pour troisième bataillon, — commandant Legrand, — le bataillon de Valenciennes-Nord, plus les première et deuxième compagnies de l'ancien cinquième bataillon (Marly et Onnaing).

Quand aux trois autres bataillons de la neuvième légion : Bouchain et Saint-Amand, rive droite et

(1) Le deuxième bataillon fut, pendant la durée de la campagne, à cinq compagnies, commandées comme suit :

1re compagnie (Valenciennes-Sud. *ville*) capitaine Robinot;
2me compagnie (Valenciennes-Est, *ville*) capitaine Alfred Girard
3me compagnie (Anzin) capitaine de Préaudau;
4me compagnie (Wallers) capitaine Patoir;
5me compagnie (Bruay-Saint-Saulve) capitaine Miroux (A.-L.)
Capitaine adjudant-major, Rousseau.

Après Saint-Quentin, le bataillon s'accrut, à Douai, d'une 6me compagnie, capitaine Lévêque.

Le capitaine sortait du quatrième bataillon de la cinquième légion: les hommes, originaires de tous les points du département, nous venaient du dépôt établi à Lille.

L'ignorance de ces hommes était extrême en toutes choses, et ils firent bien souvent le désespoir de leur capitaine et de celui qui, *par intérim*, commandait alors le bataillon. Ils disaient, pour s'excuser, qu'au dépôt, personne ne s'était jamais préoccupé de leur rien apprendre.

rive gauche, nous ne les revîmes plus qu'au soir du premier combat sous Bapaume, où ils constituaient le sixième régiment de marche.

Au résumé, et pour mieux préciser la situation, à la veille de la mise en route :

C'étaitent sur un effectif total de 30,000 environ, 8,665 gardes mobilisés, appelés à l'honneur de recevoir les premiers le baptême du feu.

De rares bataillons étaient munis du chassepot; d'autres avaient reçu des carabines Minié, *de divers calibres;* la plupart conservaient le vieux fusil à silex transformé.

C'était le cas du quatrième de marche ; et ses fusils de modèle antique n'avaient été, malgré des réclamations incessantes, ni réparés, ni seulement inspectés (1).

Voilà pour l'armement (2).

(1) Ils passèrent, dans le hangar d'un armurier civil de Lille, une nuit qui n'eut d'autre effet que de les rouiller davantage. Le lendemain les sceptiques du régiment retrouvaient, dans les canons ou les lumières, les morceaux de papier qu'ils y avaient glissés, la veille.

On avait fini par obtenir quelques épinglettes. Ce fut un cadeau du lieutenant-colonel Brabant, qui nous les procura de ses deniers.

(2) Il faut encore citer la brochure (page 24, 25 et 26, *passim.*) du colonel Bel, que son commandement au dépôt mettait à même de savoir bien des choses.

« Mais (dit-il), qui donc osera encore leur (*aux mobilisés*) jeter la pierre, lorsqu'on aura démontré qu'il leur était moralement et matériellement impossible de combattre?

Quant à l'habillement et à l'équipement c'était plus dérisoire encore. La lettre des lieutenants-colonels, au général, en est un témoignage irrécusable. quoiqu'elle ne dise pas tout. Il y manque notamment ce détail: les hommes partaient, en cette saison, avec

« Eh bien! oui, un Français doit encore combattre, même lorsqu'il est épuisé de froid, de fatigue et de faim; même lorsqu'il est sans chefs, sans direction, abandonné à lui-même! et l'armée auxiliaire aurait combattu !*

« Mais pour combattre, mais pour lutter contre une armée puissante par le nombre, munie d'armes perfectionnées, protégée par une artillerie formidable, il faut aussi des armes..... *les mobilisés n'en avaient pas.*

« Oh ! je le rappelle le télégramme du 29 novembre 1870, disant : *31,000 mobilisés bien armés ; 11,000 chassepots, le reste en carabines se chargeant par la culasse*; » je les rappelle ces paroles qui, plus tard, dans une circonstance solennelle, affirmaient que l'armée auxiliaire était admirablement armée ; oui, je les rappelle afin de les démentir, PARCEQUE JE NE VEUX PAS QUE LORSQUE L'ARMÉE AUXILIAIRE DIRA : » JE N'AVAIS PAS D'ARMES!... ON PUISSE LUI DIRE : « C'EST FAUX!... »

. . . .

« Et c'est dans ces conditions qu'il fallait résister ....

« Je demande aux troupes les plus anciennes et les mieux aguerries : » Est-il vrai que dans de semblablss conditions, il soit moralement possible de résister ?

* Ce conditionel ne se peut évidemment appliquer qu'à la Mobilisée du Dépôt, la seule que le colonel Bel ait jamais commandée.

Quant à la Mobilisée de la division active, non-seulément, elle *aurait*, mais elle *a* combattu, du premier au dernier jour, depuis Pont-Noyelles jusqu'à Saint-Quentin.

le pantalon et la simple vareuse de drap léger ; encore le tout était-il de si mauvaise qualité, que ces uniques vêtements se détachaient déjà par lambeaux (1).

Voilà, où nous en étions le 15 décembre.

Et seize jours auparavant, on télégraphiait, de Lille à Tours, le 29 novembre :

« *Commandant supérieur garde nationale mobilisée du Nord, à Secrétaire général Intérieur, Tours.*

« *31,000 gardes nationaux du Nord, mobiises en date du 29, — bien armés, — 11,000 chassepots ; le reste presque entièrement en carabines se chargeant par la culasse.....!!!* » (2).

(1) Le colonel Bel le constate encore : l'habillement n'a été qu'une véritable caricature de celui de l'armée. Le pantalon et la vareuse étaient faits d'un tissus qui n'a pas de *nom*....... Les chaussures étaient en cuir spongieux et sans solidité........ mal cousues..... un assez grand nombre étaient *garnies de carton*!... (page 13 de la brochure).

(2) Archives de la préfecture du Nord; registre des dépêches télégraphiques.

III

ROUTE DE PONT-NOYELLES

16 *Décembre*

Dès la pointe du jour, le régiment, avec armes et bagages, était rassemblé sur la place de la nouvelle Préfecture. Mais l'Administration militaire avait tenu à nous gratifier d'un dernier souvenir. Elle nous laissa longtemps nous morfondre, dans une énervante inaction. Et c'est seulement, vers onze heures du matin, que les trois bataillons s'ébranlèrent en chantant.

L'étape de *Lille* à *La Bassée,* coupée par une halte à *Haubourdin,* fut facilement franchie.

D'ailleurs, la cordiale et généreuse hospitalité des habitants de La Bassée était de nature à faire oublier toutes les fatigues. Le 4me régiment de marche ne devait plus jamais rencontrer semblable accueil.

17 *Décembre*

On se remit en route, au cri, mille fois répété de : *Vive La Bassée!* que les compagnies de Valenciennes-Ville encadraient dans leur refrain :

« Amis chantons avec ardeur;
« Et que la gaité nous soutienne!
« Chantons, Enfants de Valencienne...

. . . .

Bientôt la colonne quitte le département du Nord, pour entrer dans le Pas-de-Calais.

A *Lens,* un train nous attendait, qui nous emporte vers *Arras.*

A la descente des wagons, ordre de s'aligner en bataille.

La pluie tombait, dans la nuit noire. Lentement, lentement, à de longs intervalles, on distribua les rations d'eau-de-vie et les vivres de campagne. Puis, ce fut le tour des tonneaux de cartouches, que l'on défonça, comme on put, à coups de pierres, — afin de se partager les munitions dans la boue. Le déluge continait toujours.

Pendant tout ce temps, s'agitait (dit-on) le dessein de nous envoyer, le soir même, à la rencontre de quelques partis Prussiens qu'on avait signalés.

Lorsque nous fûmes transpercés, et ruisselants de l'empeigne au képi, vinrent enfin les billets de logement, et la permission de rompre les rangs.

Dans Arras, nous trouvâmes, diminué toutefois de trois compagnies faites prisonnières à la citadelle d'Amiens, le bataillon des mobiles Valenciennois, qui devait, là, tenir garnison, jusqu'à la conclusion de la paix.

*
* *

18 *Décembre*

Nous avions, la veille, et, sans le savoir, profité des voies ferrées, pour la dernière fois.

Nous ignorions, de même, à la sortie d'Arras, qu'il allait, désormais, nous être interdit de plus jamais entrer dans une ville.

Le trajet d'*Arras* à *Beaumetz-les-Loges,* s'effectua par la grand'route. A Beaumetz, le 2me bataillon obliqua vers la gauche, et s'en fut chercher gîte à *Bailleulval.*

On y réquisitionna, abattit, partagea, séance tenante, deux vaches infortunées.

C'était un dimanche. On n'avait pas encore oublié tout à fait qu'on était jeune. Et, le soir, un concert vocal improvisé charma les naturels de l'endroit, dans le principal estaminet du pays.

*
* *

19 *Décembre*

Les géomètres assurent que la ligne droite est le plus court chemin d'un point à autre.

Mais il ne s'agissait pas de géométrie, ce jour-là ; et le 2me bataillon en fit la dure expérience.

On commença par se diriger, en ligne directe, jusqu'à *Warlincourt.*

Après une demi heure de halte, on inclina, à droite, sur *Lucheux* (1), par des sentiers glissants et détrempés. Car, détail à noter, depuis le matin, soufflait une abominable tempête, où, tour à tour, le vent, la pluie, la grêle se disputaient la préséance.

Ce n'eut été que demi mal si, du moins, cette navigation orageuse (à travers un pays, d'ailleurs, pittoresque, et, probablement, fort agréable à parcourir..... par le beau temps), en nous menant jusqu'à Lucheux, nous eut conduits au port. Mais voilà que nous est transmis l'ordre de nous disposer à repartir pour le village de *Pas* (2). C'est-à-dire qu'au lieu de nous envoyer droit sur ce village, on s'est plu à nous faire arpenter successivement les deux côtés d'un triangle; que, au lieu de nous arrêter à Warlincourt, qui touche presque à Pas, on nous a lancés inutilement sur Lucheux, d'où il nous faut, maintenant, revenir, par les mêmes affreux sentiers, presque au point de départ.

Un pareil dédain de leur bien-être suscita, chez les Mobilisés, une vive et légitime irritation.

Cette marche de nuit se dévora rapide, pour ainsi dire avec rage, à travers bois et buissons, — les rangs rompus, les compagnies mêlées : car, dans l'obscurité, accrue par la tempête, il était impossible de se reconnaître, et beaucoup couraient à l'aventure.

Les plus agiles, après avoir traversé Mondicourt,

(1) Département de la Somme.

(2) Département du Pas de Calais.

où cantonnait le 3me bataillon, entrèrent à Pas, vers sept heures. Ces hommes étaient restés dix heures en marche; dix heures, ils avaient essuyé la pluie; ils n'avaient pas mangé de la journée.

Comme d'usage, rien n'avait été préparé pour le logement. Et il fallut (nous l'a-t-il pardonné?) faire un énergique appel à l'activité du Maire de Pas, qui finit, tant bien que mal, par caser tout le bataillon.

***

20 *Décembre*

De *Pas* à *Acheux* (1), l'étape est courte.

Par compensation, nous dûmes, à l'arrivée, pendant trois heures et demie, battre la semelle et souffler dans nos doigts, derrière les faisceaux. Pour quel motif? et dans quel but? La curiosité n'est pas permise au soldat.

Nous entendîmes, là, gronder notre premier canon. C'était le canon de Querrieux, où un faible détachement du 22me corps refoulait, à ce moment, une forte reconnaissance des Prussiens.

***

21 *Décembre*

Le matin il nous est annoncé que nous resterons à Acheux,..... *afin d'apprendre à charger nos fusils.*

(1). Nous quittons, là, définitivement le Pas-de-Calais pour la Somme.

Pourtant, ce ne devait pas être encore, pour ce jour là; à peine revenus d'une plaine à l'extrémité du village, où le colonel Amos avait voulu montrer au 2me bataillon, les positions qu'il aurait à défendre, en cas d'attaque, un ordre de départ nous prend à l'improviste.

Distribution hâtive des vivres de campagne.

Défense de réquisitionner une seule voiture. Ce qui est le droit incontesté de tous les corps de l'armée de ligne, la Mobilisée s'en passera. Les éclopés s'en tireront, comme ils pourront. Les malades jetteront leur sac, si la force leur manque. Les officiers porteront avec eux, ce qu'il leur plaira de leur pauvre bagage; ils abandonneront, ici, leur cantine, et n'en reverront plus rien qu'après la paix conclue !!!

Nous ignorons notre destination.

Nous allons devant nous. Voilà tout.

Vers le soir, à l'approche d'un centre habité, le commandement de : halte, circule de rangs en rangs. Sur une colline dominant le chemin, des tirailleurs se déploient, et commencent à descendre.

De part et d'autre, on s'observe, sans doute dans la même incertitude.

C'était, nous le sûmes plus tard, un poste de lignards, qui prit d'abord notre colonne aux uniformes sombres, pour une troupe ennemie. Avant qu'on eût tiré sur nous, les guêtres blanches, inusitées dans l'armée allemande, et que portaient un petit nombre de nos hommes, nous firent heureusement reconnaître.

Bientôt ces tirailleurs remontent; et nous reprenons notre route.

Un peu plus loin, une garde avancée de chasseurs à pied, se chauffe auprès d'un feu de branchages.

Chacun comprend à ces indices que nous approchons de la zône dangereuse.

Le village est plein de troupes.

On rompt les rangs. Mais avant de prendre aucun repos, le lieutenant-colonel Brabant, précédé d'un guide, emmène la compagnie de grand'garde (2me compagnie du 2me bataillon.) Il tient à indiquer lui-même les postes; donne les consignes ; place les premières sentinelles avancées.

Le village où nous sommes est *Warloy*.

22 *Décembre*

Séjour à Warloy.

Nul ne s'en plaint. Ce sont, ici, des cœurs de patriotes. Jusqu'aux plus pauvres habitants, tous rivalisent de zèle pour alléger la misère du soldat. (1.)

(1) Ce ne sera que faiblement acquitter la dette de la reconnaissance en mentionnant tout particulièrement le nom de l'honorable notaire de Warloy, M. Crépin.

Son foyer devint le nôtre, et son hospitalité fut sans bornes.

Lorsque, le 25 décembre, les Prussiens occupèrent Warloy, M. Crépin insoucieux de sa sécurité, arracha nos malades à la captivité, et nous les renvoya sous des vêtements civils.

Tentative d'exercice, interrompue par la rigueur de la température. Le contact de l'acier de nos armes nous mord les mains comme une brûlure.

Ce jour, nous vîmes, pour la première fois, défiler les petits canons de montagne, qui, ensuite, nous accompagnèrent partout. Sur le champ, quelqu'un les baptisa : *canons-joujoux ;* et l'avenir n'accrut pas notre confiance en eux.

*
* *

23 *Décembre*

Matinée consacrée aux exercices ; à l'école de tirailleurs notamment, *qu'on n'avait jamais encore abordée :*

Rentré dans ses cantonnements, le soldat n'avait point eu le temps de tremper la soupe ; on bat la générale.

Bientôt, c'est le canon.

Le régiment se forme en hâte, pendant que la population civile court et s'agite émue. Et le colonel Amos conduit deux bataillons (2me et 3me) prendre position, dans une plaine, en arrière de Warloy (1).

Les deux sections de la 1re compagnie du 2me

(1) Le 1er bataillon n'était point venu d'Acheux, avec nous, le 21 décembre. Il ne gagna Warloy que le 23. De la plaine où nous étions en bataille, nous le vîmes passer à quelque distance, poussant en avant vers *Baizieux* et *Franvillers*. Nous le retrouvâmes, le lendemain matin, sur le plateau, devant Behancourt.

bataillon sont envoyées, séparément, fouiller le bois en face, et jusque sur la colline, à droite, d'où l'on entendait et voyait crépiter les deux lignes de feu. Sur la gauche, à une assez grande distance, les bataillons demeurés en bataille, apercevaient distinctement l'obus sillonner l'air.

Nous ne vîmes point là, les Prussiens. Eux, nous dit-on plus tard, connurent notre présence, et jugeant la place plus fortement occupée qu'elle ne l'était en réalité, renoncèrent à poursuivre un mouvement, destiné à déborder notre droite.

Mais voici que nous rappelons nos éclaireurs.

Vivement, les deux bataillons rentrent dans Warloy qu'ils traversent; puis, ils se divisent. Et pendant que le 3me bataillon va renforcer la droite de nos lignes (1), le 2me bataillon est mené, dans la direction du canon, jusqu'à *Baizieux*.

Dans un chemin creux, la colonne fait halte, et, de nouveau, détache des éclaireurs en avant. Ici, la canonnade, plus rapprochée, éclate par intervalles. Les hameaux, en face de nous, sont en flammes. Quand la nuit remplace le crépuscule, et que le dernier grondement s'est éteint, le bataillon repart par le flanc gauche, et retourne à Warloy.

Avant de rompre, recommandation expresse d'être debout, à la première sonnerie du clairon.

(1) à *Contay*, où il demeura jusqu'à minuit.

*
* *

24 *Décembre*

L'obscurité régnait encore, et le régiment qui, depuis 4 heures du matin, sous les armes, attendait par un froid meurtrier, sort enfin du village!

Les canons de montagne sont avec nous. Le chef d'état-major du général Robin nous conduit (1).

Nous allons et revenons, le long d'un ravin, cherchant une place où passe l'artillerie.

Plus loin, commandement de charger les armes. Les officiers et sous-officiers doivent veiller soigneusement. Beaucoup (on le sait) n'ont jamais fait la charge! Un très-grand nombre manquent le huitième temps, et ne retournent pas la cartouche, après avoir versé la poudre!!

Nous avançons, formés en bataille.

Voici l'extrémité d'un plateau élevé.

Le village, au fond du large creux, s'appelle Béhancourt.

Déjà, notre artillerie s'est mise en position, au bord de la crête. On nous arrête derrière, à cinquante pas. Il faut que l'officier, commandant les batteries, nous avertisse qu'à la première réponse des Prussiens à son feu, des rangs entiers seront

(1) Ce chef d'état-major, qui n'avait pas les sympathies du Mobilisé, fut remplacé après Pont-Noyelles.

par terre. Notre lieutenant-colonel obtient de nous faire reculer.

Les pentes, en avant de l'artilerie, sont garnies de tirailleurs. Tout à coup, nos canons tonnent, et dominent le bruit de la mousqueterie.

En face, sur les versants opposés, à la lisière des bois, se montrent les têtes de colonnes ennemies. Plus près de nous, au fond de la vallée, nous apercevons encore des Allemands, qui semblent rangés en carré, derrière les faisceaux.

Exceptionnellement, nous avons aujourd'hui des canons plus sérieux que nos pièces de montagne. Pourtant il ne paraît point que leur tir soit bien efficace; au moins, l'ennemi demeure presque immobile, à peine agité parfois de mouvements partiels.

Nous avons détaché des compagnies en tirailleurs.

L'inaction pèse au régiment. Çà et là, des cris s'élèvent, pour marcher en avant.

Il fait un de ces froids terribles, encore accrû sur ce plâteau, où rien ne nous protége. Par instant, on éprouve, à quelque endroit du corps, une douleur âpre, pénétrante, et comme la sensation d'un coup de lance. On dirait que le vent promène et projette des congélations acérées. Les barbes disparaissent blanches sous les glaçons. Sous peine de s'arracher, d'un seul coup, la moustache, qui veut ouvrir la bouche doit préalablement fondre et dissoudre, à la chaleur des doigts, les stalactites qui, du premier au dernier crin, ne font qu'un tout rigide, et changent les figures en visages de marbre.

Les hommes, comme au départ de Lille, grelottent sous la vareuse !

Eh bien ! ces hommes-là, sont des Français ; la chaleur de leur rang les réchauffe. C'est aujourd'hui leur première entrée en ligne, et sans songer à se plaindre de rien, ils n'ont au cœur qu'une pensée, un désir, une exigence : descendre immédiatement à l'ennemi.

On put l'espérer, un moment. Le lieutenant-colonel d'un régiment de ligne gravit jusqu'à nous, et de quelques mots qu'il échangea avec le commandant du 2me bataillon, alors le plus rapproché des batteries, on avait entendu ceci : « Je crois que là, dans le fond, je les tiens en respect. Mais, en cas de besoin, commandant, c'est sur votre bataillon que je compte. » Et de se promettre, en riant, « *un déjeûner à la fourchette.* »

Vain espoir ! les batteries Allemandes ne répondent point aux nôtres ; et l'on nous ordonne de former les faisceaux.

Chacun, à présent, se taisait songeur, et faisait instinctivement un retour sur la situation.

Nous n'avions ressenti ni le froid, ni la faim, quand nous pensions combattre. Nous essayâmes alors de rompre le pain gelé, bouclé sur les sacs, mais de ce pain, suintait comme une humidité âcre, qui provoquait la rage de dents et l'agacement des gencives.

Les réflexions amères circulaient dans les rangs. L'un prétendait que, la veille, le 3me régiment, qui fait brigade avec nous, imprudemment lancé à la baïonnette sur un mur crénelé, avait, en un instant, perdu soixante-dix hommes. Un autre insinuait que si l'ennemi refusait le combat, c'est que, sans doute, il préparait encore un de ces irrésistibles mouvements tournants, dont la fin de ce jour nous montrerait l'effet. Le passage de deux ou trois blessés, portés pâles sur des brancards; — l'apparition subite et la poursuite d'un lièvre affolé, qui, sorti du bois, vint, au bruit des clameurs, se jeter dans nos rangs, où il demeura prisonnier, n'apportèrent qu'une insuffisante et fugitive distraction.

Chaque bataillon, envoyé, tour à tour, se reposer une heure, derrière un bouquet d'arbres, revenait, silencieux et morne, se remettre en bataille.

Nos canons continuaient toujours à tirer.

Nous croyons bivouaquer, la nuit, dans cette glacière. On commande en effet, des corvées pour aller aux vivres. Mais, avant leur retour, entre trois et quatre heures de l'après-midi, une estafette apporte l'ordre de se replier.

On ne savait pas alors que les Allemands, rudement traités la veille, persistaient sur toute la ligne à se dérober à une nouvelle lutte; et que si le général en chef renonçait à garder ses positions, c'était par sollicitude pour ses troupes en cette dure saison. Aussi, cette retraite, dont on ignorait la cause, eût-elle un fâcheux effet moral.

Pour surcroît, lorsque parvenus, en rétrogradant, à peu près à la hauteur de Warloy, maintenant laissé sur notre gauche, nous sûmes, de paysans, que l'on nous engageait dans une route détournée et de beaucoup la plus longue, — pas un qui ne se demandât pourquoi il était si peu tenu compte de nos fatigues.

Elles dépassèrent toute imagination.

Dans les sentiers raboteux semés de fondrières, par les chemins encaissés que la lune estompait d'ombres bizarres, au cliquetis énervant et monotone de quelque bidon mal arrimé, — les Mobilisés avançaient taciturnes, gelés, exténués, affamés.

D'anciens soldats, médaillés des campagnes impériales, roulaient inertes sur le sol.

A peine s'occupait-on d'un caisson qui sautait, en faisant des victimes. On s'inquiétait encore moins des détonations qui, sur la droite de la colonne, retentissaient encore. Qu'importait tout cela, pourvu qu'on s'arrêtât bientôt quelque part, ou il fût loisible de s'étendre sur la terre et d'y dormir!

En traversant je ne sais plus quel village, ou l'on a peine à se frayer, même individuellement, un passage dans les rues encombrées, nous rencontrons les mobiles du Gard, plus semblables à des Bohémiens qu'à des soldats, sous leurs couvertures bariolées. Ils frappent aux portes des fermes et des granges, demandant gîte. Longtemps après, nous entendons encore les coups sourds des crosses de fusil, comme le roulement d'un tonnerre lointain.

Plus loin, au croisement de deux routes, notre colonne est coupée par une autre. Celle-ci passée, il faut s'orienter, comme on peut, et s'efforcer, à l'aventure, de retrouver les traces du régiment.

Il n'était guère loin de minuit, quand, après l'inévitable station dans *Bouzincourt*, près de l'abreuvoir blanc de neige, ou plus d'un, glissant, s'abattit à se fendre le crâne, — les logements nous furent indiqués.

Bien peu songèrent à rompre un jeûne de vingt-quatre heures. Chacun se laissa tomber sur la paille, raide de froid et d'épuisement, anéanti dans un sommeil, tout à la fois lourd et fiévreux.

Jamais ce réveillon de 1870 ne s'effacera de nos mémoires.

***

25 *Décembre*

Bien avant l'aube, le lieutenant-colonel et les officiers du régiment s'efforcent de rassembler leur troupe, que rien ne peut tirer de son engourdissement.

Il faut partir, pourtant, — partir en hâte, et sans manger encore; l'ennemi que, déjà, l'on a vu dans Warloy, nous suit à courte distance.

Pendant que l'on stimule les retardataires, à mesure que l'un d'eux apparaît dans la rue, on le pousse à travers champs, vers la grand'route d'Arras à Bapaume.

Là, défilent les canons, les caissons, les convois, des soldats de tous les corps. Parfois, des cavaliers au galop, devant lesquels on s'écarte, pour ouvrir un passage.

A Bapaume (1), halte d'une heure.

Ceux qui sont nés sous une heureuse étoile, réussissent à s'emparer d'une nourriture quelconque, et dévorent. Mais que de ruses et que d'audace, il faut, pour cela, déployer tour à tour ! Et de combien de tentatives de séduction n'est point l'objet, la jeune et gracieuse bonne de *l'hotel de la Fleur*, longtemps après qu'elle a tout épuisé, jusqu'au dernier croûton.

L'heure écoulée, — en marche ! en marche !

Il y a loin encore de Bapaume à *Pronville*, où nous devons coucher. Et dans les fossés du chemin, nous laisserons plus d'un, que ne pourront porter ses pieds endoloris.

26 *Décembre*

Les jours se suivent et se ressemblent.

De *Pronville*, par *Quéant* et *Cagnicourt*, à *Vitry*, c'est toujours la marche sans paix ni trêve.

A Vitry, où nous restons un peu pour souffler, c'est toujours la famine.

Voici la gare du chemin de fer. Voici la locomo-

(1) C'est de nouveau le Pas de Calais.

tive qui fume. On peut, en un quart d'heure, gâgner Douai sans peine. Songez-y donc, — une ville ! avec des restaurants ! avec des magasins, où l'on trouve, en payant, des souliers, des chaussettes, du linge blanc (j'ai dit : *blanc !*), des gants fourrés pour les mains bleues qui saignent..... tous ces bienfaits inestimables de la civilisation la plus avancée !

Allons ! allons ! Laissons seulement passer les fusilliers-marins ; et la rue libre, faisceaux rompus, tournons le dos à ces visions ambitieuses.

Avoir rêvé d'un oasis, et venir échouer à Equerchin (1) !

***

27, 28, 29 *et* 30 *Décembre*

Internement à *Equerchin*. Qu'on nous ramène au plateau devant Behancourt !

Eh quoi ! les clochers de Douai sont là, dressés comme une invincible et perpétuelle tentation ; et nul n'aura licence de pénétrer dans la ville ?

Certes, aucun de nous n'a jamais marchandé devant l'ennemi, ni ses souffrances, ni sa misère. Mais, ici, loin du feu, quand toutes les privations sont devenues sans prétexte, — pourquoi donc interdire à ce soldat de se procurer à ses frais, par exemple, la chaussure qu'il n'a plus, et que l'admi-

(1) Département du nord, sur les confins du Pas de Calais.

nistration ne lui donne pas ? Pourquoi refuser à cet officier, dont tout le bagage est perdu, la faculté de s'équiper à nouveau? Pourquoi enfin, si le service n'en peut être affecté, — pourquoi ne pas permettre à tous de mettre à profit cette première expérience d'une campagne, pour se mieux préparer à combattre ?

Mais il était écrit que, de ce qui devait aigrir ou décourager la Mobilisée, rien ne lui serait épargné.

Sentinelles à toutes les issues du village.

Consignes sévères aux portes de la ville.

Et, dernière mesure, celle-ci la plus humiliante, la plus vexatoire, comme aussi la plus inutile: appel quotidien des officiers !

Il ne faut pas que rien dérange d'autres....... que l'on connait, de leurs bombances, dont certains lieux publics de Douai sont le théâtre, et dont la scandaleuse rumeur est portée jusqu'à nous.

Pendant ce temps, le soldat, entassé dans des cantonnements incommodes, sentait se développer les germes morbides, qu'avaient semés en lui les deux dernières semaines. La fièvre, qui galvanise au jour du danger, s'était évanouie. Jamais nous n'avions eu tant de malades. Même pour les plus robustes, il n'y avait plus de sommeil ; on ne sait quelles crampes atroces, revanche de la fatigue, envahissaient, dans le repos nocturne, les membres surmenés.

Que faisait-on pour remédier à cette situation ?

Le 28 décembre, après le réveil sonné à 6 heures

1/2, — appel des compagnies; — relevé des hommes disparus; — constatation du nombre de cartouches que nous avons gardé; — reproduction de l'éternelle demande d'un état des objets d'équipement à nous fournir.

Nous répondons, pour la vingtième ou trentième fois, que jamais nous n'avons reçu, ni capotes, ni marmites, ni tire-balles.....

Nous ajoutons que, des objets précédemment touchés, il ne nous reste plus que des loques.

Après quoi, cette formalité suffisant à la satisfaction.... de l'Intendance, — la presque totalité de nos camarades, contempteurs involontaires de la pudeur publique, continue à exiber dans les rues d'Equerchin, la nudité du devant et du revers. Par ce froid de Sibérie, cela est navrant et cruel.

L'après-midi, visite du général Robin, agrémentée d'une allocution équestre.

Il faudrait une merveilleuse éloquence, pour nous persuader que tout soit pour le mieux, dans le meilleur des mondes. Deux ou trois jobards, (il s'en trouve partout), ayant crié : *Vive le général* ! — leurs voisins les gourmandent et les font taire.

Dès lors, le silence n'est plus troublé que par le lieutenant-colonel Brabant, qui signale énergiquement à son chef notre inénarrable dénûment. Les éclats de sa voix sonore couraient tout le long de notre ligne de bataille ; et cet incident ne dut point engager le général à prolonger notre revue.

Le 29, convocation des capitaines, à qui l'on

enjoint de visiter les cantonnements, et d'indiquer, dans un rapport, les améliorations à y introduire. On annonce aussi que l'interdiction de communiquer avec Douai demeure maintenue; mais, il y sera, demain, expédié deux sergents, pour faire acquisition de tous articles d'habillement, que désireraient les officiers, et dont ceux-ci devront remettre un état par compagnie.

Sur quelques objections que nous fîmes, on nous engagea à réfléchir.

Alors, à pareille interrogation, réponse conforme.

Nous transcrivons, ci-dessous, un spécimen des rapports et états qui furent adressés.

§

« Rapport demandé aux capitaines des compagnies.

« Les capitaines de la deuxième compagnie du deuxième bataillon du quatrième régiment de marche, sous-signés,

« Après avoir visité tous les logements occupés par leurs hommes, conformément oux ordres reçus,

« Ont l'honneur de répondre aux deux questions qui leur ont été posées,

« Première question : *Quelle est, au point de vue du logement, la situation de la troupe à Equerchin ?*

« Cette situation est *misérable, au delà de toute expression.*

« Après tant de fatigues si courageusement supportées , les hommes sont empilés, sur la paille humide, dans des locaux absolument insuffisants.

« Il ne faut pas être médecin pour reconnaître que, dès à présent, circulent dans l'air vicié, les germes de toutes les maladies épidémiques.

« DEUXIÈME QUESTION : *Quelle amélioration peut-on introduire?*

Une seule,

Attendre trois ou quatre jours encore. Alors, les trois quarts au moins des soldats auront dû forcément être transportés à l'hôpital, — ce qui fera de la place aux autres.

« C'est, à notre avis, et après mûre réflexion, *le seul moyen pratique*.

« Au cantonnement d'Equerchin, 29 décembre 1870.

Les capitaines de la deuxième compagnie,

(*Suivaient les signatures*).

§

« ETAT *des objets, qui manquent aux six officiers de la deuxième compagnie du deuxième bataillon du quatrième régiment de marche.*

« Les six officiers de la deuxième compagnie, dont le bagage est forcément resté dans des endroits actuellement ocupés par l'ennemi (1), MANQUENT DE

(1) Par suite, notamment, de la défense faite, à Acheux d'emmener aucune voiture.

TOUT ABSOLUMENT, EN LINGE, VÊTEMENTS ET CHAUSSURES.

« Cependant, après y avoir itérativement et sérieusement réfléchi, — considérant que la nature les a faits de taille, d'embonpoint et de conformation divers ; — et que, dans ces circonstances, il ne leur parait point possible d'imaginer que les deux sergents, à envoyer demain à Douai, puissent prendre mesure, pour eux six, et encore moins pour tous leurs collègues de tout le régiment;

« Les dits officiers de la deuxième compagnie,

« Malgré leur état de délabrement, et la position inouïe qui leur est faite,

« Déclarent demander seulement aux deux sergents sus-désignés de leur faire délivrer, à chacun d'eux, un bain complet avec quantité de savon suffisante pour se débarrasser de l'épaisse couche de malpropreté, accumulée pendant la campagne.

« Au cantonnement d'Equerchin, 29 décembre 1870.

« Pour les six officiers de la deuxième compagnie, et suivant autorisation,

« Le capitaine en premier,

etc.....

Le 30, fut agréablement rompue la monotonie de cette existence.

Pendant l'exercice habituel du matin, survient une estafette. D'après l'ordre qu'elle apporte, — le régiment, après avoir mangé la soupe, ira occuper des positions sur la route d'Arras à Douai, et s'y trouvera rendu à une heure indiquée. Mais l'axiôme de science militaire, en vertu duquel *la soupe fait le soldat,* n'est point applicable à la Mobilisée ; et, en conséquence, nous détalons par le flanc droit, sans aucune autre forme de procès.

Chemin faisant, le bruit circule que nous abandonnons Equerchin, sans esprit de retour. Eh bien ! et nos derniers lambeaux, demeurés dans nos chambres, à ce cantonnement ? Il faut avouer que voilà une suprême et gratuite avanie qui comble la mesure.

Onze kilomètres franchis, le régiment s'aligne sur la route, près du village de *Fresnes.* L'artillerie et les tirailleurs prennent position, comme pour une attaque.

Le bruit dont il s'agit se confirme. On détache un officier par compagnie, pour aller recueillir nos dépouilles à Equerchin.

Roulement de tambours. Arrivée d'un général, au képi couronné de chêne, suivi de son escorte. C'est le général Farre, qui, passant devant nous, demande avec bienveillance : « Vous êtes prêts à partir ? Vous n'avez rien laissé derrière ? » Un officier supérieur prévient nos réponses : « Non, mon général (dit-il), les bagages sont derrière, avec une compagnie qui les garde. » — O sainte vérité !

La revue terminée, stupéfaction universelle : on retourne à Equerchin.

Naturellement, on y a fort bousculé nos propriétés, pendant notre absence ; personne ne retrouve plus son bien.

Et pour dignement terminer l'aventure, une indiscrétion nous révèle que l'ordre de marche, destiné à un autre régiment, nous a été remis par erreur ; et que nous devons à cela, cette promenade de 22 kilomètres, avec suspension du déjeûner jusqu'à deux heures et demie de l'après-midi.

Néanmoins, ceci nous présageait un prochain départ, — et un départ, dans des circonstances, matérielles et morales, mille fois plus déplorables qu'au sortir de Lille.

Les officiers de compagnies étaient contraints, à ce moment, de s'avouer l'impuissance de leurs réclamations en faveur du soldat. Mais ces réclamations, qui n'avaient point toujours été sans péril, suffisaient-elles à l'entier accomplissement du devoir? Et, plus spécialement, n'était-ce point, en conservant des grades qui ne donnaient aucun pouvoir pour le bien, assumer, au moins en partie, la responsabilité d'une aussi misérable situation?

La seule crainte de désorganiser un régiment devant l'ennemi, prévint les démissions.

Mais, pour dégager leur conscience, autant que pour leur justification ultérieure, un grand nombre de ces officiers chargèrent un capitaine de se faire leur organe, auprès de la plus haute autorité civile de leur arrondissement d'origine, M. le Président du Comité Administratif de Valenciennes.

Cette démarche devait, comme les autres, demeurer infructueuse. Mais elle fournit matière à une correspondance fort instructive à plus d'un titre ; — et dont il ne peut être inutile de conserver la trace, ne fût-ce que pour rendre à chacun justice égale à ses mérites.

Nous citons textuellement, sans commentaires :

« Valenciennes, le 30 décembre 1870.

« Le Président du Comité Administratif de l'arrondissement de Valenciennes, à Monsieur le général en chef de l'armée du Nord.

« Monsieur le général en Chef,

« Nous avons reçu de divers côtés, des plaintes fort vives sur la situation des Mobilisés de notre arrondissement; mais, jusqu'ici nous n'avons pas cru devoir vous les transmettre, parce qu'elles manquaient de précision, ou parce que ceux qui les exprimaient ne nous semblaient pas dignes d'une confiance absolue.

« Il en est autrement de la lettre ci-jointe, qui nous a été adressée par un officier dont la sincérité et le patriotisme ne peuvent être pour nous l'objet d'aucun doute. Nous vous en envoyons donc copie (ainsi qu'à M. le Ministre de la guerre et à M. le Commissaire général de la Défense), convaincus à l'avance que vous y aurez égard, dans la mesure où cela sera possible, sans compromettre les exigences de la discipline et les nécessités du service.

« Veuillez agréer, Monsieur le général en Chef, l'assurance de ma haute considération,

« Le Président du Comité Administratif.

REGNARD.

Le général Faidherbe répondit :

« A Monsieur le Président du Comité Administratif de l'arrondissement de Valenciennes.

« Monsieur le Président,

« J'ai pris communication de la lettre que vous m'avez fait l'honneur de me transmettre.

« L'auteur anonyme (1) dépeint d'une manière très-vraie les souffrances que l'armée endure en faisant la guerre dans cette saison. Ces souffrances, sont pour la plupart, inévitables. Les conditions s'améliorent, du reste, de jour en jour, par suite

(1) M. Regnard avait, sur la copie transmise, retranché la signature de l'officier, qu'il ne voulait point compromettre.

Mais il n'importait guère à cet officier, quand il avait la conscience de remplir un devoir. Il le prouva, vers cette même époque, et dans une circonstance identique, dont il n'est point absolument impossible que le général en Chef ait conservé quelque souvenir.

des efforts que nous faisons pour cela, et je vous promets que rien ne sera négligé dans ce but.

« Agréez, Monsieur le Président, l'assurance de ma considération la plus distinguée,

FAIDHERBE.

Cette lettre portait la date du 8 Janvier 1871 ; et le 11, on retournait, de l'État-major, à M. Regnard, avec une apostille, l'original de sa lettre au général. Immédiatement après cette réception, M. Regnard écrivit et expédia la lettre suivante :

« Valenciennes, le 12 janvier 1871.

« A M. De Villenoisy, colonel aide-major général de l'armée du Nord.

« Monsieur.

« On me retourne des bureaux de l'État-major une lettre du 27 décembre dernier, où un officier des Mobilisés de Valenciennes se plaignait de la situation de ses camarades et de ses subordonnés. Cette lettre, je l'avais adressée à votre général en Chef, le 30 du même mois, et sur ma lettre d'envoi on a ajouté cette annotation : « *Le général ne comprend pas que des plaintes aussi ridicules lui soient adressées avec un caractère officiel.* »

« Cette courtoise et judicieuse observation est anonyme, et, bien certainement, Monsieur, vous n'en avez pas eu connaissance ; mais comme l'enveloppe de la lettre porte votre signature, il est bon que vous sachiez quelle réponse votre général en Chef a faite, de sa propre main, à la lettre si lestement traitée par un scribe de ses bureaux.

« Voici ce qu'il m'écrivait trois jours auparavant : (*Voir ci-dessus*).....

« Je fais connaître **a** M. le général en Chef, en même temps qu'à vous, Monsieur, l'annotation jointe à ma lettre; afin qu'il puisse juger par lui-même, avec quelle fidélité et quelle intelligence les employés de ses bureaux interprètent sa pensée.

« Agréez, Monsieur, l'assurance de ma considération très-distinguée,

REGNARD.

« *Ex-Représentant du Peuple à l'Assemblée constituante* ».

Ah! si notre brave et humain général en Chef eut été plus près de nous ! et si notre sort n'eût dépendu que de lui !

IV

ROUTE DE BAPAUME

***

31 Décembre

Pour le coup, plus de faux-départ. Et, bien décidément, nous emboîtons le pas du côté d'*Arras*.

Toute la brigade est en branle. Et, sauf une halte à mi-route, l'étape est parcourue d'une seule traite.

A l'approche de la ville, les hameaux et les faubourgs, aux maisons vides, hermétiquement closes, offrent un aspect morne et saisissant.

C'est à *Blangy-Saint-Laurent*, (à 3 kilomètres des remparts), que nous cantonnons.

Jusqu'à la fin du jour, et même dans la nuit, défilent l'infanterie de ligne et de marine, l'artillerie, les gendarmes . . . . Evidemment l'armée entière opère un mouvement général en avant.

***

1er *Janvier* 1871

On dit que nous restons.

On ajoute que nous décamperons demain matin, avec quatre jours de vivres. Ce dernier détail est significatif; il est clair que la lutte va recommencer.

En attendant, et comme de juste, interdiction de se rendre dans Arras, dont les portes, au surplus, se ferment, le soir, à 5 heures.

L'après-midi, rappel du régiment. Il se confirme que nous ne bougeons point.

Dix minutes après, contre-ordre et départ immédiat.

On nous mène nous installer à quelques kilomètres en arrière, à *Feuchy*. Pourquoi cela? Mystère: car nous ne voyons point d'autres troupes, auxquelles il soit utile de céder notre place à Blangy-Saint-Laurent.

Le village de Feuchy est d'un abord difficile. Des tranchées, des barricades à toutes les issues; — enfin, la Scarpe, barrière naturelle. Il faut un guide à nos traînards et nos isolés, pour s'insinuer dans le labyrinthe.

Onze heures du soir. On dort à poing fermé.

Mais voici qu'on cogne vigoureusement à nos portes: «Aux armes! la cavalerie prussienne est à un kilomètre! »

Vêtus, armés en un clin d'œil, les premiers qui sortent dans les rues, essayent en vain de réveiller la troupe. Par bonheur, ce n'est qu'une alerte, occasionnée par le galop des estafettes.

* * *

2 *Janvier*

Mais pourquoi donc, hier, ce mouvement rétrograde de Blangy-Saint-Laurent jusqu'à Feuchy?

Aujourd'hui, nous revenons sur nos pas. Et par le chemin de halage, le long des rives plantées d'arbres, que bordent les maisons de plaisance, nous revoyons et dépassons Saint- Laurent.

Un ordre supérieur détache ici le 3me bataillon, qu'on envoie, à la gare, troquer ses vieux fusils contre des carabines Minié. Cette opération l'y retint longtemps; et lorsque ce bataillon voulut suivre nos traces, il perdit notre direction et ne nous rallia plus que le surlendemain , à Mercatel.

Quant aux deux autres bataillons, ils contournent l'enceinte fortifiée d'Arras, et s'engagent sur la route de Bapaume.

Ce fut là, pour nos hommes, un sujet de réflexion de voir garder les avancées de la ville, par des postes de Ligne ou de Mobile, et par des Mobilisés du Pas de Calais. Comment ceux-ci n'étaient-ils point avec nous quand nous défendions leurs foyers? Comment laisser à ceux-là les chassepots et les tabatières, quand nous étions, nous autres, armés, comme on l'a vu?

A *Beaurains*, il semble que l'on hésite à suivre ou quitter la grand'route. Après quelques minutes, nous adoptons, à gauche, un chemin de traverse, et nous le parcourons jusqu'en vue de *Croisilles*.

Halte en avant du village. Déjeuner sommaire derrière les faisceaux, — dans la neige, que le vent a chassée et amoncelée dans ce chemin creux.

Mais la fusillade et le canon retentissent.

Nous gravissons, de la route à la crête des champs. Et trébuchant dans les sillons durcis, nous avançons vers le combat.

De l'endroit où l'on nous arrête, nous entrevoyons, en face, et sur une ondulation de la plaine, filer vers la gauche, parallèlement à notre ligne, une colonne de fantassins avec quelques cavaliers. Français ou ennemis? La distance ne nous permet pas alors de le distinguer.

Celle-ci disparue, voici venir, à droite, et perpendiculairement, une autre troupe. C'est notre 3me régiment de marche, avec l'artillerie de la brigade. Pourquoi rétrograde-t-il ainsi, dans la direction d'où nous venons nous-mêmes? On assure que c'est une retraite, et que notre mission est de la protéger.

En attendant, nous le regardons s'éloigner, et nous demeurons alignés.

Le colonel Amos reçoit des instructions.

Nous poussons des reconnaissances aux alentours, accompagnant nos tirailleurs en soutien.

Puis, non loin d'un moulin à vent, entre *Saint-Léger* et *Mory,* nous prenons de nouveau position, derrière un autre régiment de Mobilisés.

Là, s'échangent les coups de feu. Nous envoyons

aussi nos tirailleurs. Des projectiles éclatent en l'air, au-dessus du moulin.

Cette situation se prolongeait. Tout à coup, sous l'influence d'une panique soudaine, le régiment qui nous précède, fait une décharge générale, et, poussant une clameur immense, tournoie, pour ainsi dire, sur lui-même, et se dérobe.

Le 2me bataillon du 4me de marche, dont quelques files à peine ont oscillé, et qui n'a pas rompu d'une semelle, se trouve maintenant en première ligne.

Nos yeux perçaient le crépuscule, guettant l'approche attendue des Allemands. Mais l'ennemi ne se montra point. De ce moment, au contraire, cessa la fusillade. Et, par degrés, la nuit étendit ses voiles.

Nous gagnons *Mory*, et mettons l'arme au pied, avant d'y pénétrer.

Le général Robin passe et nous crie : « Mes amis ! ce village dont nous venons de chasser les Prussiens, je compte que, demain, vous ne vous le laisserez pas arracher !... »

On transporte à bras d'homme, des blessés à l'ambulance. L'un de ces malheureux, se tord, avec des cris déchirants.

Quelques pauvres paysans, que la lutte a dispersés, se risquent à venir voir ce qui reste de leur humble toît.

Il est neuf heures du soir. Le régiment entre enfin dans Mory.

Les consignes sont rigoureuses.

Chacun de nos deux bataillons aura son poste de

grand'garde ; chacun d'eux l'occupera, par une compagnie, relevée à tour de rôle.

Pendant ce temps, les autres compagnies dormiront, habillées et chaussées, l'arme à portée.

Il n'y a point d'indication des logements. Les officiers ont mission d'installer leurs hommes, suivant qu'ils le pourront. Ils ne les doivent quitter sous aucun prétexte.

Le poste du 2me bataillon était, sur la lizière du village, en avant des premières maisons, — en face d'un hameau tenu par l'ennemi.

Le capitaine adjudant-major eût à conduire là les cinq compagnies, l'une après l'autre, à environ une heure et demie d'intervalle. Le second tour de garde ne devait plus durer qu'une heure.

Quelle nuit !

Endormi sur la paille, où les Prussiens couchaient la veille, le soldat s'arrachait brusquement de sa torpeur, à la voix de ses officiers.

Puis, le peloton se glissait silencieusement, par les rues et les sentiers déserts, jusqu'au premier factionnaire. Il lui donnait le mot de ralliement ; et, de sentinelle en sentinelle, joignait la compagnie, qui l'avait devancé.

On se communiquait les consignes. La moitié des nouveaux arrivants relevait les tirailleurs, à deux ou trois cents mètres ; l'autre moitié demeurait en soutien. Çà et là, un officier, le long des lignes de sentinelles perdues, allait, comme à tâtons, dans l'ombre épaisse, surveiller la stricte exécution des ordres.

Il importait de conserver une complète immobilité, malgré le froid qui la rendait cruelle. Il eût fallu, de même, un rigoureux silence : mais, hélas ! des poitrines déchirées, sortait, à chaque instant, une toux convulsive. Dure privation : la défense de fumer était absolue. Qui ne l'a pas vu ne peut se figurer à quelles distances la simple lueur d'une allumette est aperçue, la nuit ; et quel point de mire il en résulte. C'est le plus fugitif, mais aussi le plus dangereux des indices, par lequel un avant-poste puisse sûrement, lui-même, dénoncer sa présence.

On restait ainsi, l'oreille attentive, tendue au moindre bruit, — l'œil fixé sur les feux de l'ennemi, — et le pouce au chien du fusil. On échangeait les observations à voix basse. On allait reconnaître avec précaution les endroits suspects. On faisait éteindre dans une maison de Mory, des lumières inusitées, qui, placées sur une fenêtre, comme en réponse aux feux des Allemands, paraissaient dissimuler un signal.

Que les heures ainsi semblent longues !

Revenu, transi, se jeter sur la paille, — il ne faut point espérer que le corps se réchauffe, il ne faut plus songer au sommeil interrompu : la pensée du second tour de garde obsède l'esprit, même assoupi ; il en est, à chaque instant, qui se dressent en sursaut, s'imaginant répondre à l'appel aux armes.

***

3 *Janvier*

Deux compagnies avaient, à 5 heures du matin, relevé, pour la seconde fois, aux avant-postes, les grand'gardes du régiment.

L'une (3me compagnie du 1er bataillon) s'était établie, en travers d'une route, à droite.

L'autre (2me compagnie du 2me bataillon) avait repris, tout près, son poste de la veille.

Ses tirailleurs, à l'aube naissante, trouvent là le cadavre d'un Prussien, que nous avons, la nuit, frolé dix fois, sans le voir. Il est étendu raidi sur la neige, les bras jetés derrière la tête, les pieds joints et croisés. Voici son nom, sur le cuir égratigné de la visière, à l'intérieur du casque. Il s'appelle : *Stein*. Bientôt quelques isolés surviennent d'aventure, et le dépouillent. Un mobile lui prend un saucisson, dans une poche; un marin lui retire ses bottes . . . : et tout cela, froidement, insouciamment. Oh ! la guerre !

Des sabres Allemands, des débris d'armes jonchent le sol. On s'est, ici, battu, dans la journée d'hier.

Cependant notre heure de faction était finie depuis longtemps ; et les deux compagnies s'étonnaient que l'on ne fut point encore venu les relever.

Un homme, envoyé aux informations dans Mory, rapporte au capitaine de la 2me compagnie que la troupe à quitté le village, et qu'il doit, lui, redoublant de vigilance, garder son poste, *jusqu'au jour levé,* — rallier ensuite, à droite, la 5me compagnie, — et rejoindre, avec elle, le régiment.

Mais, où cela, le regiment?

Un second messager est, sur ce point, plus explicite. C'est du côté de Vaulx que va le 4me. Mais, d'après ce nouveau venu, on doit garder le poste, *jusqu'au moment où l'on en sera relevé.*

Allons, — voilà du moins qui dissipe l'incertitude.

On voyait, alors, sur la gauche, se dérouler, comme autant de serpents noirs, de fortes et profondes colonnes.

Que faire?

Une exclamation d'impatience et de colère s'élève, derrière un buisson, c'est le général Robin, seul, à pied, qui débouche.

Le général ne dissimule pas son mécontentement. Il malmène tout haut, à part lui, les colonnes qui, là-bas, n'ont point compris ses instructions, et ne suivent pas le chemin qu'il leur a tracé.

Dès qu'il aperçoit le capitaine de la 2me compagnie, il interrompt son monologue, et commande de dépêcher aussitôt quatre hommes, pour appeler, auprès de lui, les chefs de ces colonnes.

Les quatre hommes partent, à travers champs. Mais la distance à parcourir est trop longue au gré du général qui les suit du regard. Et rompant le silence : « Peut-être enfin, comprendront-ils ceci! Capitaine, marchez avec votre compagnie, droit sur ce village où est l'ennemi, pour indiquer la direction. »

Le capitaine à ce moment, n'avait guère plus de trente hommes en tirailleurs, autant au soutien; — mais tous savaient qu'un ordre était un ordre, et ils commencèrent à exécuter celui-ci.

Par chance, l'indication fut aussitôt saisie. Les lignes, en arrière, avaient obliqué, et s'avançaient en hâte. Le mouvement de la 2me compagnie avait atteint son but et s'arrêta.

Elle s'était réunie à la 5me; et toutes deux se préparaient à chercher enfin la trace de leur lieutenant-colonel, qui, précisément, venait encore de les y faire inviter. Mais, le général Robin, maintenant en selle, et qui les croise, ayant interrogé l'un des capitaines, ordonne aux compagnies de demeurer à cette place où (dit-il) le régiment, qui tient la gauche, ne peut tarder à se rendre lui-même.

On obéit.

Pourtant le temps s'écoule. A présent que tout a marché en avant, les deux compagnies sont là seules, auprès du cadavre du prussien, — immobiles comme lui, — et pareilles à une tâche noire sur la neige, isolées dans la plaine immense.

Rien d'absurde, en toute circonstance, comme la position d'un homme ou d'une troupe, séparé de son corps. Rien surtout d'aussi pénible un jour de bataille. Où sont les camarades ? et que font-ils ? Pouvons-nous donc rester ici, comme une épave échouée sur la grève ? Le pouvons-nous, quand on se bat, là-bas, et que le canon gronde? Il y a longtemps, sans doute, que le général ne se souvient plus, ni de nous-mêmes, ni de son ordre, qui nous condamne à l'inutilité. Et puisque, — renseignement précieux, — notre régiment tient la gauche, poussons donc à gauche, au canon !

Nous allions.

Vers nous, un cavalier galoppe, à bride abattue. Nous reconnaissons, au costume, un ecclésiastique (1).

Il nous a cherchés, depuis le matin (nous dit-il) ; et il est venu porter l'absolution suprême à nos deux compagnies.

Certes, le capitaine, qui les précédait, avait trop le sentiment du respect, qui se doit à toutes les croyances, pour ne pas déférer à ce désir. Il se contenta donc, pour ce qui le concernait, de se retirer un peu à l'écart. Mais (il peut bien le dire, aujourd'hui), il eut peut-être mieux aimé que l'image de la mort ne fut point alors évoquée, devant les compagnons qu'il menait au danger.

(1) L'abbé Touche, supérieur du couvent des Pères Maristes, à Valenciennes.

C'était là notre première entrevue.

Mais, de ce jour, il suivit le régiment, compatissant à toutes nos misères, et les partageant en partie.

S'il ne dépendit pas de lui d'en supprimer la cause, il travailla, du moins sans relâche, à les adoucir.

Et parmi ceux mêmes que leur foi philosophique tenait les plus éloignés de ses croyances, il évcilla les sympathies, que lui méritait son dévouement.

Ce ne fut, d'ailleurs, qu'un instant rapide. Et continuant, à travers la campagne, par les trous où la neige nous retenait comme ensevelis, — grâce enfin à l'un des nôtres que le hasard nous fit rencontrer, — nous réussîmes à retrouver le régiment.

Il était temps !

A la gauche extrême de la bataille engagée, dans un pli, vaste mais peu profond du terrain, formant, entre deux ondulations, comme un entonnoir allongé, — s'étendent les lignes de la division active des Mobilisés, et des bataillons qui l'ont renforcée, depuis Pont-Noyelles.

Chacune de nos deux compagnies reprend sa place habituelle. Nous racontons nos péripéties. On nous montre à deux ou trois kilomètres, à gauche, un bouquet d'arbres où s'aperçoit confusément un groupe de cavalerie. Plusieurs assurent distinguer des canons. Il y a certainement, chez la plupart, une sorte d'inquiétude, peu justifiable en apparence; en effet, le général a été averti (1); et s'il s'est borné à garnir notre front de tirailleurs, sans en couvrir aussi notre flanc, c'est assurément qu'il sait à quoi s'en tenir, et qu'il n'y a rien à redouter de ce côté.

Voici, pourtant, que nos pièces de montagne y sont braquées.

(1) A plusieurs reprises, notamment par la 3e compagnie de notre 2e bataillon tout entière couchée en tirailleurs sur notre front.

Tout d'un coup, effleurant presque la pointe de nos baïonnettes, un premier projectile bondit avec la vitesse de l'éclair, d'un bout à l'autre de nos rangs.

Certes, le bourdonnement de la balle aux oreilles, comme un sifflement de vipère, a, surtout au début, on ne sait quoi d'indéfinissable et d'énervant. Mais ce hurlement sinistre de l'obus, lorsqu'il passe, strident, sciant l'air, à quelques pieds au-dessus de nos têtes, — quel bruit sera jamais plus lugubre et plus effroyable !

Presque tous saluent instinctivement, comme si le souffle puissant les courbait. Beaucoup ont mis genou terre. Quelques uns (mais bien peu !) se redressent, comme pour une bravade, portant plus haut la tête.

Cette batterie, qui nous prend en écharpe, a redoublé son feu. L'obus succède à l'obus. La mort plane sur nous.

Dès la première décharge, les canonniers Allemands ont visé juste et droit, — un peu trop haut seulement. Mais, patience ! un imperceptible changement de la hausse, — et la ligne entière sera balayée.

Cependant aucun commandement n'était donné. Nous étions livrés à nous-mêmes, et laissés dans un inexplicable abandon. Notre impuissante artillerie se retirait en hâte.

Alors, les bataillons de gauche, qui depuis un moment, commençaient à faiblir, achèvent de se débander. Et, quand ils se rabattent sur nous, nos soldats, maintenus fermes jusque là, se trouvent noyés dans ce mouvement, qui les enveloppe au passage, et les emporte.

Les Prussiens avaient maintenant rectifié leur tir. La mitraille éclatait dans cette foule, heureusement déjà très-clairsemée : — là, décrochant un sac, — là crevant un tambour, sans même blesser l'homme, — jetant, sur tous, une pluie de terre durcie. Grimpés sur la pente, à droite, deux Mobilisés trainaient un camarade, mort ou blessé ; chacun le tirait, par une jambe ; la tête allait inerte, sautant sur les cailloux.

Tenter, sur place, un ralliement, eût peut-être été funeste ; et, dans tous les cas, n'était point praticable. Tout ce que purent certains, ce fut de se retirer les derniers. Parmi ceux-ci, le lieutenant-colonel Brabant, qui n'avait point quitté la selle, revenait au petit pas de son cheval. Un éclat de fonte faussait le fourreau de son sabre, et lui râclait la botte. Il n'avait pas discontinué de fumer paisiblement son cigare, lorsqu'il parvint au retour de la crête, derrière lequel on était à l'abri.

Là, le général Robin, révolver au poing, gourmandait et menaçait. Combien de choses, — s'il eut été permis, — n'eut-on pas pu répondre !

Les bataillons s'efforçaient de réunir leurs compagnies. Quelqu'un commanda par le flanc droit ; et l'on se mit en retraite, avant d'avoir été complètement reformé.

Dans Mory, tout était obstrué par les caissons et

les pièces d'artillerie; le flot dut se diviser, inondant les vergers, à droite et à gauche des maisons, — comme un torrent contourne le rocher, dont la masse est un obstacle à son cours.

Mais, aussitôt la sortie du village, les régiments s'étaient rassemblés. Et ils s'éloignaient, sillonnant le sol de leurs longues traînées parallèles, lorsque l'ordre leur parvint de s'arrêter, et de retourner en avant.

Nous retraversons Mory, pour déboucher, de nouveau, dans la plaine.

Sur le bord du ravin, où nous étions tout à l'heure, et que nous laissons maintenant à gauche, en le dépassant, — un cadavre, revêtu de notre uniforme, gît sur le dos, la face vers le ciel.

La Division se forme en colonne serrée par bataillon, derrière une artillerie, plus efficace que nos *roquets* de montagne. Et cette masse compacte, énorme et profonde, avance ou s'arrête avec les canons.

Un boulet ferait une belle trouée. Mais la seule préoccupation, qui nous tienne, est de ne pas nous casser les jambes, entre les mottes de terre, dures comme un granit. Un de nos aide-major nous met en garde, et nous prévient qu'il n'a ni instruments, ni attelles, rien qu'une bande de toile roulée, qu'il sort de sa poche, et nous montre avec un sourire amer (1.). Il y a, parbleu! longtemps que

(1) Deux jours avant notre départ de Lille, on avait lu ceci

nous le savons bien : dès qu'il s'agit de nous, n'en est-il point de même en toutes choses !

Insensiblement, nous avions gagné du terrain, et nous étions montés jusqu'au point culminant du plâteau, où un cheval d'artillerie, déjà l'œil vitreux, tentait, en hennissant, de vains efforts, pour se dresser sur ses genoux ployés.

A la nuit tombante, nos canons ne tiraient plus que faiblement ; et partout, l'ennemi fuyait.

Devant nous est *Beugnâtre,* où deux ou trois maisons flambent dans les ténèbres.

On déploie notre colonne ; et sa ligne de bataille,

devant le front des compagnies : « Le départ du bataillon étant imminent, le commandant s'était enquis, près l'autorité supérieure, du service d'ambulance que l'on avait organisé. IL LUI FUT RÉPONDU QU'IL FALLAIT LAISSER PRESQUE TOUT A L'INITIATIVE INDIVIDUELLE» !! *(Rapport du 2e bataillon, du 14 décembre 1870).*

Aussi vit-on parfois, comme à Mércatel, par exemple, de pauvres varioleux, cahotés vers l'hôpital à plusieurs lieues de distance et sous la neige ou la pluie, dans une sorte de brouette à trois roues, traînée par un âne !

Et c'étaient encore les heureux !

En dehors des cantonnements, dans les marches ou sur les champs de bataille, nous ne disposions pas même d'un brancard, pour nos blessés ou nos malades.

Quelque temps après Bapaume, la Commission Municipale provisoire de Valenciennes nous fit don de deux mulets d'ambulance. Cette décision avait été provoquée par l'un des membres de la Commission, M. Félix Cacheux, que sa sollicitude amena plus d'une fois, parmi nous, et qui s'était justement indigné de cette incroyable situation.

Enfin vers la même époque un autre concitoyen, M. Cornu nous pourvut, à Boileux-Saint-Marc, d'une boîte de pharmacie.

en se reserrant, entoure le village sur trois de ses côtés. En avant de l'issue laissée libre, un seul bataillon s'est porté. Puis à une à sonnerie de clairon éclatant comme une fusée dans le silence, une compagnie se précipite au pas gymnastique, pour fouiller rues et maisons.

On voyait, au milieu de l'incendie, courir les ombres noires, avec des clameurs fantastiques. Bientôt, il est certain que les Prussiens n'ont rien laissé dans le village, que des volailles, dont on entend maintenant le chant de mort.

Nous ne devons pas coucher à Beugnâtre, et nous retournons à Mory.

Les régiments, qui se hâtent dans la nuit, se heurtent et se mêlent. Les hommes trébuchent aux aspérités de ces champs en labour, où l'on va sans y voir. Il semble que le gîte recule devant nous.

Enfin, voici Mory. Mais un officier d'ordonnance du général Robin, nous crie que le cantonnement des 4e et 6e régiments de marche est à Vaulx. Il fallait, alors, nous le dire à Beugnâtre, — et ne pas, en nous fourvoyant jusqu'ici, tripler ou quadrupler notre route ! Beaucoup, qui sont sur les dents, protestent qu'ils n'iront pas plus loin. D'autres, impatients d'en finir à tout prix, repartent en maugréant.

Nous sommes littéralement à bout de forces. Plus que jamais la route paraît interminable. La débandade est complète.

A *Vaulx*, au dire de paysans, des hulans se sont

montrés, tout le jour, et tout à l'heure encore. On rallie les cinq ou six premiers que l'on a sous la main ; et l'on entre, révolver au poing, baïonnette au canon.

Nos soldats arrivaient, l'un après l'autre, jusque devant la maison commune. Presque tous appartenaient au sixième régiment. Nous n'étions là qu'en très petit nombre du quatrième, sans aucun de nos officiers supérieurs.

Le lieutenant-colonel du sixième engage les capitaines à s'entendre, pour établir des grand'gardes, dans le voisinage des logements de leurs compagnies respectives.

Puis, chacun tire de son côté, à la recherche d'un abri.

Trente-cinq hommes environ de la deuxième compagnie, du deuxième bataillon du quatrième de marche, étaient seuls venus jusqu'à Vaulx, avec les deux capitaines. On leur indiqua le château; et ils s'en furent y frapper. Longtemps les abois des chiens répondent aux coups de crosse. La porte s'ouvre enfin. Dans la maison désertée, il n'est plus demeuré qu'un intendant.

On entre, on se débarrasse du sac et du fusil. Deux ou trois vont en corvée, demander à la ferme contiguë, la botte de paille où nous dormirons. Presque aussitôt, les voici qui raccourent, et qui nous crient : « aux armes ! Des Prussiens dans la ferme ! »

Nous sautons sur les faisceaux, et nous nous

préparons à la résistance. Mais, déjà les Allemands se sont retirés ; et nos recherches n'ont point de résultat.

Au même moment, deux hulans avaient l'audace de s'aventurer jusqu'à la place du village, où ils saluaient de deux coups de pistolet, sans l'atteindre, un chef de bataillon du sixième régiment, qui, sans défiance, s'entretenait avec le maire.

Ainsi, le général Faidherbe avait vaincu sur toute la ligne, — à ce point que déjà commençait (comme on l'apprit plus tard), l'évacuation de Bapaume. Et l'ennemi nous envoyait encore ses cavaliers, jusque dans nos cantonnements.

Le château, que nous occupions, était la dernière habitation du village, et s'avançait, comme un cap, vers la grand'route de Bapaume à Cambrai. Une haie parsemée de trous, formait l'unique clôture du jardin. Les sentinelles des autres compagnies n'étaient point poussées jusqu'à nous.

Nous comprimes qu'il était urgent de nous garder nous-mêmes. Et, quelques-uns essayèrent, tour à tour, de résister au sommeil, pendant que leurs camarades, à jeun depuis la veille, à Croisilles, mais oubliant la faim sous l'éreintement qui les écrase, après cette nuit et ces deux jours de grand'garde, de marche et de mise en ligne, gisaient, pêle mêle, anéantis.

Toute la nuit, les coups de feu retentirent, et les hulans caracolèrent autour de nous.

4 Janvier

Il était 5 heures du matin. On n'avait point sonné le clairon, nul ne nous avait avertis, — quand nous sûmes que les nôtres avaient évacué Vaulx, depuis une demi heure.

Il y a des malheureux tellement exténués, qu'il faut lutter longtemps pour les remettre debout.

Ces hommes se traînent isolément ou par petits groupes, parfois tiraillant, parfois contraints de se jeter par dessus les haies, dans les jardins ou les enclos, pour échapper aux hulans, qui, de minute en minute, fourmillent plus nombreux. Ils ramassèrent là quelques uns de nos soldats, qui s'égarèrent, ou que trahirent leurs forces. Ils prirent enfin, avec le cheval de notre chirurgien-major, une ordonnance que le lieutenant-colonel Brabant, — retenu la veille, à Mory, par un contre-ordre, avec le régiment, — avait, dès le matin, dépêchée vers nous, au galop (1).

Nous suivîmes le 6me regiment, jusqu'à *Croisilles* (2). Après une heure de halte, nous repartîmes avec lui, par la route encombrée d'hommes et de charrois, où

(1) Ce même jour, 4 janvier, des corvées de vivres, envoyées de Mory à Beugnâtre, y trouvaient également l'ennemi, qui les faisait prisonnières.

(2) A Croisille, nous entendions encore des coups de feu.

cheminait, entre deux gendarmes, un fantassin Allemand.

Enfin, avant d'arriver à *Neuville*, nous connûmes où rejoindre le régiment ; et, coupant vers la gauche, nous le retrouvâmes bientôt, en bataille devant les premières maisons de *Mercatel*.

Tous nous accueillirent avec une surprise joyeuse; car tous nous supposaient prisonniers.

Il y a déjà des troupes, de l'artillerie surtout, dans Mercatel. Nous en grossissons le nombre. Et les distributions faites, les rangs sont rompus.

***

5, 6, 7 *Janvier*.

Nous séjournons à *Mercatel*.

Le 5, nouvelle revue, nouveau discours du général Robin. Le général l'avait pris, au début, sur un ton sévère. Mais, un mot de notre lieutenant-colonel l'ayant averti de sa méprise sur le numéro du régiment et du bataillon, il parut incontinent s'adoucir, et son allocution se termina d'une façon quasi paternelle. Sans doute il avait connu par nos chefs supérieurs immédiats, l'attitude du 2e bataillon, pendant les deux derniers jours de combat. Pourquoi ne pas toujours ainsi nous parler ?

Le 6, à raison du mauvais temps, théorie par les sous-officiers, dans les chambres : maniement d'armes, principes de la charge et du tir.

Le 7, exercice de régiment, sous la direction du colonel Amos.

Chaque matin, d'ailleurs, appel à 6 heures ; — envoi d'une compagnie en reconnaissance; — et, jusqu'a sa rentrée, longue attente de tout le régiment, gardant les rangs, derrière les faisceaux.

Nous demeurions ici trois jours; nous devions, ensuite, rester quatre autres jours à Boileux-Saint-Marc. Combien cette semaine d'à peu près complète inaction eût été plus utilement employée, soit dans Arras ou son voisinage immédiat, soit dans tout autre lieu qu'on eût voulu,— pourvu qu'il s'y trouvât seulement les ressources les plus indispensables, et qu'on y pût, en un mot, se reposer vraiment, guérir ses pieds malades, raccommoder ses loques, et se ravitailler.

Pas plus à Boileux qu'à Mercatel, rien de cela n'était possible.

L'incommodité de ces cantonnements était extrême; nous en étions, qui l'eût prévu jamais, à regretter ceux d'Equerchin. Relégués dans des locaux étroits, nous étions contraints d'y vivre et dormir, dans la promiscuité des habitants : il y avait là d'agaçantes commères qui piaillaient, du matin au soir, à nous rompre la tête ; il y avait des fourmillières d'enfants qui, du soir au matin, prenaient leur revanche, et ne permettaient le sommeil à personne. Comment goûter une seule minute de repos?

C'était aussi la disette de tout, que ces villages. On n'y eut pas trouvé seulement à faire achat d'un mouchoir. L'eut-on trouvé, il n'est pas bien sûr que ces gens nous l'eussent voulu céder (1).

Ce ne sont plus, ici, les cordiales, et sympathiques populations de la Somme. Celles-ci se multipliaient pour nous alléger la peine ; celles-ci suivaient anxieuses et le cœur ému, jusqu'au moindre mouvement de notre armée. Le paysan du Pas de Calais n'a point de ces soucis. Indifférent à nos souffrances comme à nos efforts, nous ne paraissons à ses yeux que des étrangers, qui le gênent, et dont il supporte impatiemment la charge importune. Pâtrie! Honneur! Liberté! — il n'est pas certain que ces mots aient eu jamais pour lui de signification précise. Se doute-t-il que la Nation combat pour l'existence? Sait-il seulement qu'il est Français?

Voilà le souvenir qu'il nous a laissé. Nous n'en accusons que son ignorance. Mais pour la régéné ration du pays, au nom des destinées prochaines,— versez, versez, ici, la lumière!

En attendant, plus que jamais isolés du monde, sans journaux, sans nouvelles, nous ignorions tout de Paris, de la France, de la tentative suprême dont nous étions les comparses.

(1) A Mory, ailleurs encore, dans ce département du Pas de Calais, on refusa de nous vendre du pain, — que l'on préférait (osa-t-on dire un jour), réserver pour les Prussiens ! !

On les craignait ceux-là. Nous n'étions, nous, que des Français, et on ne redoutait point de représailles.

Le peu que nous pûmes exceptionnellement nous procurer, on nous le fit toujours payer au centuple.

Incertitude poignante, où l'esprit travaillant à vide, ne s'élevait aux plus chimériques espérances, que pour mieux retomber, ensuite, dans un découragement profond, et dans la désillusion de toutes choses.

C'était donc cela, la guerre!

Souffrir le froid, souffrir la faim (1), — croupir

(1) Il est devenu banal de signaler la part funeste et pré pondérante qu'a eue l'Intendance Française à nos derniers désastres.

Mais si l'armée active a pu justement formuler tant de plaintes, que dire de la Mobilisée, qui n'a jamais eu qu'un rudiment d'Intendance?

Il y a des distributions réglementaires, qui ne nous ont *jamais* été faites : ainsi *le bois*, pour ne citer qu'un exemple. Il y en a d'autres que l'on a la plupart du temps, capricieusement supprimées : ainsi, *l'eau-de-vie*, que nous n'avons pas touchée plus de trois ou quatre fois.

Les vivres proprement dits, nous ont toujours invariablement fait défaut, quand ils eussent été le plus nécessaires : à Pont-Noyelles, à Bapaume, à Saint-Quentin, et dans les retraites qui ont suivi.

Ne parlons pas des rations de pain gelé et de viande pourrie; ce ne fut que trop souvent l'ordinaire. Ces jours là, c'était encore le jeûne : car, dans ces pays, que l'on se disputait pied à pied, tour à tour perdus et repris,— les deux armées avaient vite tout épuisé.

Enfin, sauf à Equerchin, Mercatel, Boileux-Saint-Marc et Tilloy-Ligny, — au soldat, levé à 4 ou 5 heures du matin, puis en marche jusqu'à 9 heures du soir ou plus tard, manquait le temps matériel pour tremper la soupe, même quand il n'était point dépourvu de vivres. Il se nourrissait de son pain, et ne pouvant la manger crue, jetait sa viande.

dans la malpropreté sordide et la vermine immonde (1), — endurer, en un mot, la misère atroce ;

(1) La nuit passée à Mory, sur la paille où s'étaient reposés les Prussiens, nous en infecta. Dès lors, jusqu'a la fin de la campagne, nous demeurâmes en proie aux insectes de la Germanie.

Après cela, pour des hommes, dont beaucoup avaient franchi la première jeunesse, et s'étaient fait par l'habitude, une nécessité d'un certain confort,— ce qui fut le plus pénible était la privation absolue de linge de rechange. Je sais des officiers qui, réduits, par l'abandon forcé de leur cantine, à deux uniques chemises, avaient été contraints par la rigueur exceptionnelle de la saison, de les endosser toutes deux à la fois. Ils les portèrent ainsi depuis le 16 décembre (départ de Lille) jusqu'au 24 janvier (entrée dans Douai); quand ils en avaient le loisir, entre deux batailles, ils revêtaient par dessus, pour quelque temps, la chemise du dessous. C'était tout !

On ne trouvait pas tous les jours un peu d'eau pure et un coin de torchon, pour s'humecter le visage.

Il y avait, d'ailleurs, une opération de toilette plus indispensable, et dont l'oubli, par cet abus de marches forcées, nous eût été fatal : il fallait très-strictement se suiffer la plante. Et ce nous était un luxe inénarrable, mais trop rare, de rencontrer parfois, un verre d'huile à quinquet, qu'on se pût verser dans la bottine. Ceux qui ont fait campagne me comprendront.

Enfin l'obligation d'être toujours debout au premier signal, ne permettait point qu'on se dépouillât, même dans le sommeil, de ses premiers vêtements. Devant l'ennemi, ou dans certains cantonnements, c'eût été, d'ailleurs, chose matériellement impossible. Depuis Tilloy-Ligny (12 janvier), jusqu'à Cambrai (20 janvier), beaucoup ne se débottèrent point.

Quand, à la faveur de la garnison dans Douai, nous pûmes coucher, déshabillés, dans un lit,— ce nous fut tout un apprentissage à refaire; — une indéfinissable gêne, hostile au sommeil, nous hanta pendant plusieurs nuits.

— aller, marcher, courir, toujours, sans paix, sans trève, fiévreux, hideux, hérissés, effarés, — s'abattre au soir, sur la litière, dans quelque grange ouverte à tous les vents, — dépassant jusqu'au vagabond, mener la vie du fauve ou du sauvage ; — et puis, de temps en temps, s'offrir en cible à la mitraille, au sommet d'un plateau, dans le creux d'un ravin, —y poser en mannequins, tout un jour, sans jamais lutter ni combattre : c'était, c'était cela, la guerre !!!

Ah ! nos patriotiques ardeurs, nos enthousiasmes saints du départ, — vous méritiez une autre fortune !

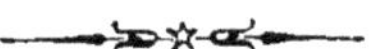

V

ROUTE DE SAINT-QUENTIN

*
* *

8 Janvier

Un pas en avant : de *Mercatel à Boileux-Saint-Marc*.

Sur la route départementale d'Arras à Amiens, les chasseurs, la ligne, la mobile, l'artillerie, les ambulances, sont, de même, en mouvement. Nous les croisons, au point d'intersection de cette route et du chemin qui mène à droite, à Boileux-Saint-Marc, — d'où, vraisemblablement, ils sont venus, pour nous y faire place.

*
* *

9, 10, 11 *Janvier*

On sait, dejà, ce que vaut le cantonnement de Boileux-Saint-Marc.

Il s'y devait produire un incident pénible, qui nous fait de son souvenir un cauchemar.

Le 9, à 5 heures du matin, ordre subit aux capitaines de procéder, parmi les simples gardes, à la désignation par le sort d'un certain nombre d'entre eux, qui seront immédiatement versés dans l'armée active (1). Ainsi formulé, c'était un ordre arbitraire, illégal : car le sort pouvait indifféremment indiquer, ou des hommes de 35 à 40 ans, qui n'étaient point à la disposition du Ministre de la guerre, de par la loi du 10 août, — ou des volontaires que l'on n'avait pas le droit de transférer, sans leur aveu, de la garde-nationale dans un autre corps. A tous autres points de vue, c'était une mesure cruelle que d'enlever inopinément ces jeunes gens, du milieu de leurs amis et de leurs compatriotes, pour les jeter parmi des inconnus. On eut dit d'une nouvelle séparation, qui, pour la seconde fois, les arrachait à leur famille.

Il fallut se soumettre.

Ce fut lugubre et douloureux.

Puis, réunis immédiatement dans la rue, au nombre de quatre cents environ (2), les patients.

(1) Le nombre était égal, pour toutes les compagnies, mais proportionnellement à leur effectif.

La 2e compagnie du 2e bataillon, par exemple, fournit huit hommes, sur un effectif de cinquante-six simples gardes, alors présents sous les armes.

(2) Il y en avait aussi du 3e régiment.

Incorporés de suite, ils combattirent à Saint-Quentin, sous la capote grise. Quelques uns y furent tués, — un plus grand nombre blessés, — beaucoup prisonniers.

tristes mais calmes, y reçurent l'adieu de leurs camarades, bien plus émus en apparence. Il y eut de ceux-ci qui durent se retirer, pour ne point éclater; parmi eux, le brave et excellent capitaine de la 4me compagnie du 3me bataillon, dont le visage disait tout le chagrin.

Le récit que nous firent, au retour, le capitaine en second et un sous-lieutenant de la 2me compagnie du 2me bataillon, chargés de conduire cette colonne à destination, n'etait point de nature à diminuer notre amertume. Furieux de voir arriver nos gardes-nationaux (était-ce leur faute?) mal vêtus, mal armés, ceux qui les attendaient, les accueillirent par des injures, les appelant brutalement: *cochons de mobilisés*, et les alignant à coup de pieds. Est-ce ainsi que l'on relève les hommes et que l'on forme des soldats?

Ce fait, il y avait des compagnies trop réduites, pour n'être point complètées. On égalisa les effectifs, et chacune des cinq compagnies du 2me bataillon fut, dès lors, composée de 71 à 72 gardes, en ce non compris les cadres et les sous-officiers et caporaux(1).

Nous eûmes aussi à *Boileux-Saint-Marc*, la première distribution de grandes capotes. On en délivra, d'abord, une dizaine par compagnie; le complément

(1) La 2e compagnie du 2e bataillon devenue, pour des causes diverses, la moins nombreuse, ne comptait plns que 48 simples gardes. Elle reçut 25 hommes des autres compagnies.

quelques jours après. Il faut avouer qu'il était grand temps !

*
* *

12 *Janvier*

De *Boileux-Saint-Marc*, par *Boiry-Boyelles*, à *Saint-Léger*.

S'attendait-on à quelque combat? Nous dûmes manœuvrer dans un vaste champ, et prendre position comme à l'approche de l'ennemi. Puis, ce fut, derrière les faisceaux, une interminable pause.

On descendit enfin dans Saint-Léger.

Là, quand on eut fait les logements de la troupe, et quand l'état-major eut occupé le château, sur une éminence au-dessus du village, — agréable surprise : on repart pour *Gomiécourt*.

C'est toujours la *théorie du triangle*, en matière d'étapes, et pour l'usage de la Mobilisée : étant donné

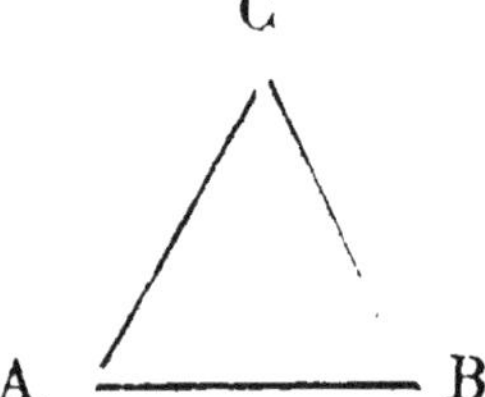

le besoin d'aller d'un angle de base (Boileux-Saint-Marc), à l'autre angle de base (Gomiécourt), s'y rendre, en passant par l'angle de sommet (Saint-Léger). Cela ne fait, au surplus, que simplement doubler la route ; et l'on y a mis encore quelque discrétion. Il y a des jours où l'on nous a plus mal traités.

Nous atteignons Gomiécourt à la nuit.

Tout le 2e bataillon (cadres et troupe) devra se caser dans une sorte de maison de rentier campagnard, au bout du village. Distribution du local : trois pièces exigües au rez de chaussée, surmontées de mansardes à l'étage ; dans une cour, à peu près autant de trous champêtres, peut-être des étables à porcs.

Ameublement : néant. La maison est depuis longtemps inhabitée ; il n'y a pas même une bûche de bois pour s'asseoir. Plus une vitre aux fenêtres. Faut-il tout dire? les prusssiens qui, nous ont ici précédés, n'ont pas seulement laissé leurs habituelles inscriptions en langue allemande, tracées à la craie sur les portes ; pas un coin de l'habitation qu'ils n'aient souillé de leurs immondices. C'est encore là, d'ailleurs, une coutume nationale de cette race impudente et grossière.

Puisqu'on a résolu de nous installer là-dedans, — encore faut-il que l'espace n'y soit pas matériellement insuffisant. Or, en se serrant beaucoup, il y a peut-être place pour un demi-bataillon, tout au plus. Mais on a bien autre chose à faire que d'écouter les réclamations des capitaines. De guerre lasse, ceux-ci se mettent, eux-mêmes, en quête aux alentours. Mais ils ne réussissent que très-imparfaitement à modifier un peu la situation.

*
* *

13 janvier

Le gîte étant ce qu'on a vu, il eut été dommage de n'en point épuiser tout le charme. Aussi ne bougeons-nous pas aujourd'hui.

Comme distraction: école de tirailleurs en avant du village.

Pendant cet exercice, spectacle inattendu, bien fait pour émouvoir: une locomotive qui passe. Il y a donc encore des chemins de fer? Oh civilisation perdue! que ceci nous rappelle. Les yeux suivaient, avec une expression étrange, la longue traînée de fumée grise. On n'imaginera jamais ce que cet incident vulgaire éveillait en nous de pensées.

*
* *

14 *Janvier*.

Nous abandonnons Gomiécourt; et nous l'abandonnons sans regret.

Le régiment rejoint la grand-route à *Ervillers*, et s'y range en bataille.

Là, par un froid à fendre les rocs, un Intendant nous retient trois heures alignés, — allant, venant vérifiant, comptant et recomptant les files. Que ne regardait-il d'abord nos joues creuses, nos profils en lame de couteau! — il eût bien vu, du premier coup, que nous n'abusions pas des rations du Gouvernement, et que nous ne redevions rien à l'Intendance........ au contraire. En attendant, comme il y a beaucoup des nôtres en arrière, et que nous entrevoyons une source de complications inextricables, — nous nous arrangeons pour adroitement combler les vides, par le moyen d'emprunts correspondants, aux compagnies passées en revue les premières. Naturellement, M. l'Intendant n'en a pas même le soupçon.

Quand il nous lâche, — il y a longtemps déjà qu'ont défilé le général Robin et son État-major, les Voltigeurs, les autres régiments de la Division.

Nous prenons, derrière eux, la route Nationale d'Arras à Bapaume.

Dans une charrette, cinq ou six prisonniers, hulans et fantassins, traversent le village. Penchée à l'appui d'une fenêtre, une femme irritée les menace du geste, et crie à pleins poumons : *capout! capout !*

Nous dépassons *Mory*, sur la gauche. Voilà successivement *Béhagnies*, *Sapignies*, *Favreuil*, — théâtres, les 2 et 3 janvier, d'une lutte acharnée. Dans l'intérieur des terres, à gauche, *Beugnâtre*; — à droite, *Biefvillers*.

Dans ceux de ces villages, qui bordent le chemin, et que nous voyons de plus près, tous les murs des maisons sont crénelés de meurtrières; partout, les boulets et les balles ont marqué leur trace. Au-dessus du niveau des champs, quelques tertres récents, où l'on a planté deux branches en croix. Il y a des naïfs, qui questionnent. Ce sont des *saloirs*, répond gravement un camarade. Et l'on passe.

Bientôt l'on aperçoit *Bapaume*, où nous restâmes une heure, il y a de cela maintenant 18 jours.

Depuis lors, la guerre l'a visité. Dans le faubourg, l'obus a troué les murs, arraché les corniches. Comment n'a-t-on point encore effacé, sur les portes, ces inscriptions à la craie, que des mains Allemandes ont tracées ?

Nous n'entrerons pas à l'hôtel de *La Fleur*, où le général Robin a établi ses quartiers. Nous n'arrêterons même point dans la ville. Déjà, voici le faubourg opposé, qui se souvient aussi du séjour des Prussiens; ils ont incendié, en l'évacuant, cette maison, qui leur servit de corps de garde.....

Le long de ce chemin, où nous pénétrons, à droite, on a de même, crénelé les murs. Près d'un moulin isolé, plusieurs centaines de cadavres de chevaux forment un amas bizarre; ils gisent étendus, ballonnés, les jambes en l'air, raides, écartées.

Tout ceci nous conduit au village de Tilloy-Ligny, ou plutôt aux deux villages jumeaux de Tilloy et de Ligny. A Tilloy, le colonel Amos désigne les logements au 2me bataillon ; — les autres iront à Ligny.

*
* *

15, 16 *janvier.*

La bataille du 3 janvier s'est étendue jusqu'ici. Beaucoup de maisons montrent encore les vestiges du combat. Çà et là, dans les rues, un espace vide, quelques décombres entre des murs noircis, — c'est tout ce qui reste, aujourd'hui, des chaumières incendiées. (1)

Les heures, que nous passâmes à Tilloy-Ligny, ne furent point inactives.

Le jour : exercices ; reconnaissances par le bataillon.

La nuit : une compagnie faisait la ronde ; une autre était de piquet, tout son effectif rassemblé, les hommes dormant le fusil dans les jambes, prêts à courir au premier coup de feu ; une dernière tenait la grand'garde. Toutes enfin, à l'intérieur du village, et devant leurs logements respectifs, posaient encore des factionnaires, qui se reliaient et communiquaient entre eux.

(1) Le séjour des Prussiens n'avait pas été moins dur aux habitants.

Beaucoup nous racontaient presque pleurant encore, que leurs métiers de tisserands, c'est-à-dire leur unique gagne-pain, avaient été brûlés par l'ennemi, comme bois de chauffage.

Le mauvais temps nous rendit fort pénibles ces différents services. (1)

Les premières nuits furent signalées par un abominable verglas ; sur le sol glissant, presque impraticable, quelque soldat, à chaque instant, s'abattait.

Il y eut, la troisième nuit, un affreux dégel, compliqué d'une pluie diluvienne, qui fit gonfler les cours d'eau. La compagnie de grand'garde était établie, à l'extrémité du village, dans une pauvre maison, fouillée, percée à jour par le canon, jonchée d'éclats d'obus, que nos pieds heurtaient sous la paille. Le vent sifflait par les trous énormes, insuffisamment bouchés. Les ruisseaux, devenus torrents, nous menaçaient d'inondation. Quelques hommes, avec un lieutenant, envoyés en reconnaissance, à plusieurs lieues en avant, faillirent rester ensevelis dans la boue.

Nos sentinelles perdues eurent, un moment, de l'eau jusqu'au ventre, et purent craindre d'être emportées. Il fallut les ramener en arrière.

*
* *

17 *Janvier*

Nous ne finirons pas nos 24 heures de grand'garde.

(1) Aussi, nous avions, tous les jours, un nombre exceptionnel de malades, qu'il fallait évacuer sur les hôpitaux d'Arras.

Dès avant 5 heures du matin, nous recevons l'ordre de rallier le bataillon ; et le régiment se met en marche.

Nous nous rabattons sur Bapaume, et nous longeons un de ses faubourgs.

Successivement, nous atteignons et laissons derrière nous, *Riencourt, Bertincourt, Metz-en-couture.*

Un peu en avant de *Gouzeaucourt*, nous pénétrons dans la Somme ; et, prenant là, la route nationale de Péronne à Cambrai, nous arrivons à *Fin* où cantonne une partie de la division, puis à *Ecquencourt* où logera le 4me régiment.

Comme toujours, c'était un trajet en ligne brisée, qui nous doublait l'étape.

Le soldat était à jeun. Depuis quelque temps, en outre, et en vertu d'ordre supérieur, la halte de quelques minutes, qu'il était impossible de supprimer entièrement dans ces marches, n'avait plus lieu qu'en rase campagne, loin de toute habitation. C'était interdire à la troupe de rien chercher à mettre sous le dent.

Toutefois, les forces humaines ont leur limite. A Bertincourt, quelques malheureux affamés n'avaient pu réprimer la tentation d'entrer dans les maisons, pour demander un verre d'eau, acheter un morceau de pain. Était-ce un si grand crime, quand, à peine on venait de voir les suivants et les familiers de l'état-major divisionnaire, nous regarder passer, les mains dans les poches, à la porte d'un cabaret ?

Mais il est des licences, que les grands se réservent, et ne tolèrent point chez les petits. Voici, cavalcadant dans Bertincourt, le général, avec toute la *ferblanterie équestre*, qui lui fait cortége, — faisant voler les vitres en éclats, à coups de sabre et de révolver (1). Un garde du 2me bataillon, sortant pour obéir à ses injonctions, est grossièrement interpellé par le général, qui, sur un mot du patient, lui pose le révolver sur le crâne, et le menace de lui brûler la cervelle.....

Ces façons de soudard pouvaient être de mise (et encore?) en Cochinchine, avec des indigènes, mais en France, avec ces jeunes gens, dont la plupart valaient autant, et beaucoup valaient mieux que bien des chefs, ces excentricités de mauvais ton, — outre que l'effet immédiat en était toujours déplorable, — eussent infailliblement (pour peu que la campagne se fût prolongée) provoqué l'explosion dans les cœurs exaspérés.

L'incident, on le comprend sans peine, n'était point de nature à rétablir l'ordre dans la colonne. Elle était à la débandade, quand elle parvint à Fin et à Ecquencourt.

(1) Sur leurs réclamations, les habitants de Bertincourt furent indemnisés des dégâts matériels.

Mais voici le piquant de l'affaire.

Ce n'est pas sur les gros appointements du général de division, que pesa cette indemnité. Ce fut la troupe qui la paya ; et la solde subit une retenue proportionnelle, depuis les simples gardes, jusqu'aux capitaines, taxés ceux-ci à 30 cent. par tête.

Ce même soir, le régiment, malgré sa fatigue, dut prendre les armes, et veiller une partie de la nuit. On s'abstint de déranger, — et l'on fit bien, — le 2me bataillon, dont notamment la 2me compagnie, de ronde le 15 janvier, de piquet le 16, enfin de grand' garde le 17, — avait passé les trois dernières nuits presque sans sommeil. Les hommes n'y eussent point résisté.

18 *Janvier*.

Réveil avant le jour.

Au lieu d'avancer (comme on s'y attendait) vers Péronne, on se dirige, à gauche, par *Hendicourt* et *Epehy*, (1) jusqu'à *Bellicourt*, bourg du département de l'Aisne, sur la route nationale de St Quentin à Cambrai.

De là, en ligne directe, jusqu'à *Bellenglise*; puis, en inclinant à droite, jusqu'à *Pontru*.

Depuis Bellenglise, on entendait gronder le canon sans relâche.

Sauf le court trajet de Bellicourt à Bellenglise, on avait continuellement marché, depuis le matin, par

(1) Nous ne fîmes que traverser ce bourg important. C'en fut assez, néanmoins, pour que les habitants d'Epehy trouvassent le moyen de manifester leurs sentiments patriotiques. La population poursuivait nos soldats, pour leur verser à boire, et leur offrir du pain.

des chemins de traverse, transformés, par le dégel et la pluie, en des rivières de boue.

En de certains endroits, le soldat, à jeun comme toujours, pataugeait, jusqu'aux genoux, dans la fange et dans l'eau.

Il arriva complètement épuisé à Pontru, où le 2me bataillon déposa les sacs, dans la fabrique de sucre de Mr Domengie.

Il était, alors, environ 3 h. et 1/2. Il y avait, par conséquent, dix longues heures que nous étions en route.

Mr Domengie, depuis longtemps en relations d'affaires avec le Nord, connaissait personnellement quelques uns d'entre nous. Il avait immédiatement suspendu le travail de son usine, pour y mieux recevoir ces hôtes du hasard. Et son cordial accueil n'était que le prélude de l'hospitalité, que lui-même et les siens préparaient à l'envi.

Mais, quinze minutes à peine s'étaient écoulées; et le clairon appelle aux armes; et, partout l'on crie: sac au dos!

Ce qu'il nous fallut de force morale et de volonté inflexible pour obéir, — jamais, jamais ceux qui n'étaient point là, ne pourraient se l'imaginer.

Le régiment courait au canon.

A sa rencontre, c'était un sauve qui peut lamentable. De pauvres familles de paysans, femmes échevelées, enfants, vieillards, se hâtaient éperdus. L'un chassait devant lui, quelques bestiaux, — sa fortune! L'autre essayait de remorquer, dans une charrette, un chétif mobilier. Dans une calèche, qui fuyait, une mère affolée redemandait à grands cris ses enfants.....

Le général Robin nous lance en bataille, dans les champs en labour. On enfonce jusqu'à mi-jambe. Beaucoup y laissent leurs souliers, et continuent pieds nus.

Puis, arrêtés à quelque distance, derrière des batteries qui tonnent, nous attendons que vienne notre tour de donner.

La boue glacée nous montait aux jambes; et l'on se sentait, d'instant en instant, embourber davantage, comme dans quelque terrain mouvant. Un froid humide nous pénétrait jusqu'aux os. Des frissons intermittents nous parcouraient le corps.

Parfois, un cri de suprême angoisse ; — aussitôt des voix qui s'élèvent, pour appeler un major: c'est un de nos soldats qui défaille, et, vaincu, s'est évanoui dans cette boue.

Nous avait-on oubliés ?

Le canon s'était tû; les clairons sonnaient le *cessez le feu* ; l'obscurité avait tout envahi. Seul, l'horizon, devant nous, s'embrasait à la lueur rouge des incendies. Rien ne troublait plus le silence, que le roulement sourd des voitures d'ambulance , dont on devinait la longue file à la quantité de feux de lanternes, vacillant, là bas, comme autant d'étoiles.

Après longtemps, nous ne descendîmes sur la route, que pour y demeurer trois mortelles heures , sans ordres, sans direction. Des bataillons revenaient aussi du combat, et semblaient retourner vers Pontru. On rapportait des blessés. Ceux que la nuit recèle et dérobe, resteront là couchés dans la terre liquide, qui les enveloppe, et, par degrés, les recouvrira !

Cependant, les ordres ne venaient toujours point ; et devant nous, on eut dit qu'un obstacle obstruât le chemin. A peine à de longs intervalles, on avançait de quelques pas aussitôt interrompus. Là beaucoup cédèrent au désespoir ; — et maudissant, à haute voix, le jour de leur naissance, s'affaissaient dans les fossés ou sur les amas de cailloux.

Quand il put enfin s'introduire dans *Vermand*, le soldat reconnut, stupéfait, qu'il n'était pas encore au bout de son martyre. Il fallait immédiatement poursuivre, par la route de St Quentin.

Elle était couverte d'hommes débandés, qui se traînaient dans le plus grand désordre. Des chariots, des trains d'artillerie ajoutaient à la confusion. Parfois, cette masse grouillante, s'arrêtait tout à coup ; — il se produisait un recul : — On se heurtait, sans se voir ; — on attendait piétinant sur place : — puis, quand l'engorgement avait cessé, on se remettait en mouvement.

Ce que, là encore, nous dûmes semer de camarades, on le peut aisément supposer. A voir, à chaque pas, des corps, étendus inertes sur les accotements, — à entendre, çà et là, les plaintes étouffées, et le rauque gémissement des poitrines, on eût dit d'un champ de bataille, après une volée de mitraille.

Presque en vue de St Quentin, un cavalier, barrant la route, nous communiqua l'ordre de prendre, à gauche, un chemin rural, qui nous porta, non sans nouvelles fatigues, à *Selency* d'abord, puis à *Fayet*.

Tout était encombré dans Fayet. Les officiers qui firent leur devoir, en s'occupant, avant toutes choses, de trouver un asile à leurs hommes, durent longtemps, courir de porte en porte, glissant et tombant par les rues obscures, sillonnées de cavaliers au galop.

Ceux-là ne se couchèrent point avant 3 heures et demi du matin.

IL Y AVAIT VINGT-DEUX HEURES ET DEMI, QU'ILS ÉTAIENT PARTIS D'ECQUENCOURT !! LA PLUPART, N'AVAIENT PAS MANGÉ, DEPUIS LE SOIR DE L'AVANT-VEILLE !!!

19 *Janvier*.

L'expérience des deux précédentes batailles nous avait donné la certitude qu'aujourd'hui se devait produire un grand choc !

Aussi, le sommeil, — dont la dernière journée nous faisait cependant une impérieuse nécessité, — nous fut-il bientôt interdit par les agitations qui le traversèrent. Après une heure ou deux d'invincible et complet anéantissement, la fièvre, qui nous soutenait seule depuis Ecquencourt, nous reprit. Et, dès lors, le cerveau hanté de chimères, l'esprit incessamment troublé par une insurmontable et persistante appréhension de ne point entendre l'appel aux armes, — nous dûmes fuir ce repos menteur, plus pénible, mille fois, à supporter que la veille.

Il était, alors, de 5 à 6 heures du matin.

Nous sortîmes dans Fayet, en quête de tous ceux que nous savions demeurés en arrière. Des soldats erraient, par groupes, à la recherche de leur bataillon. D'autres achevaient, en plein air, une toilette sommaire. Des voitures de vivres étaient venues dans la nuit; et l'on allait procéder aux distributions. Un prisonnier Prussien, tout cuirassé de fange, était conduit à l'état major.

Partout, l'apparence de la quiétude la plus profonde. Aucun préparatif. Rien qui présageât une lutte, et donnât raison à nos pronostics.

Il en fut ainsi, jusqu'à plus de huit heures du matin.

Mais, alors, tout changea, comme par un coup de théâtre instantané.

A l'improviste, une grêle de projectiles s'abattit autour de Fayet. Etions-nous donc surpris? Les officiers couraient, appelant et rassemblant leurs hommes. Le général Robin, passant comme un éclair, dispose des deux premiers bataillons, plus ou moins incomplétement réunis, qu'il a sous la main. Il commande au 3me bataillon du 4me de marche d'aller, au pas gymnastique, couronner les hauteurs en avant. Il ordonne aux quatre premières compagnies de notre 2me bataillon (1), de prendre position en arrière du village, au moulin Mennechet, pour la protection du convoi.

Nous nous hâtons, au milieu des obus qui pleuvent de chaque côté du chemin étroit, où les chariots se pressent au galop.

Voici le moulin, dans un champ. Nous nous alignons en bataille.

Derrière nous, à quelque distance, la longue file du convoi, arrêtée sur la route nationale de Saint-Quentin à Cambrai.

Devant : — un horizon moucheté de flocons de fumée blanche ; — la courbe des obus en l'air ; — et, plus près, une ligne noire de nombreux isolés, quittant déjà la bataille : on eut dit, n'était le costume, des tirailleurs ennemis venant vers nous.

Est-ce déjà la retraite ?

Bientôt, le chef du convoi nous appelle à lui. Le bataillon, descendu sur la route, s'y forme en

(1) La 5me compagnie du 2me bataillon n'était point alors avec nous.

Un peu plus tard, un ordre la saisit au passage, et l'envoya, se déployer en tirailleurs. Elle fut ainsi, toute cette journée séparée de son bataillon.

colonne par demi sections; et marche, en arrière-garde, à quelques centaines de mètres.

A notre rencontre, avançait une troupe, dont l'uniforme apparaissait au feu, pour la première fois. C'était la Brigade des Mobilisés du Pas de Calais, — général Pauly, — sortie de Bellicourt, au bruit du canon.

Ces nouveaux-venus nous lorgnaient, au défilé; et nous crûmes, par instant, voir errer sur les lèvres certains sourires moqueurs, que commentaient parfois des remarques peu bienveillantes. Il est de fait que nous n'étions pas beaux; et à côté de ces tenues neuves et lustrées, nos vieux lambeaux, maculés par la boue, devaient offrir un singulier contraste. Mais nous étions trop revenus des vanités du monde, pour y mettre aucune prétention; et, tout pesé, cette poussière de Pont-Noyelles, de Bapaume et de Vermand, nous la pouvions montrer avec un légitime orgueil.

Avant une heure, au surplus, ils allaient, eux aussi, entrer dans la fournaise. Alors, ils connaitraient la guerre. Et de ceux qui nous raillaient maintenant : — combien, qui l'ignoraient, se rapprochaient, à chaque pas, de la mort bravement affrontée? combien d'autres devaient repasser avant peu, sans sacs et sans armes, l'œil hagard et comme figé dans la vision sinistre des choses entrevues?

Le convoi, fit halte, en avant de *Bellenglise*; — les voitures disposées à tout événement, une roue sur le pavé, une roue sur l'accotement.

Le bataillon, alors, se reporta sur Saint-Quentin, à environ un demi-kilomètre en avant. A la demande du chef du convoi, notre commandant avait préalablement détaché près de lui, le capitaine et le sous-lieutenant en premier de la deuxième compagnie.

Sur une colline en pente douce, — à droite de la route, quand on regardait Saint-Quentin, — des paysans nous signalaient, à ce moment, la présence de la cavalerie Allemande.

Il était peu croyable que l'ennemi s'aventurât aussi loin, derrière nos combattants. Aussi, l'avis, qui nous était donné, ne trouva-t-il d'abord que des incrédules.

Par hasard, le sous-lieutenant était porteur d'une jumelle de théâtre. C'était l'occasion de s'en servir. Et quand il affirma parfaitement distinguer les lances des hulans, il fallut bien se rendre à la réalité.

Une longue vue, qui nous fut ensuite procurée par un habitant, permit de compléter ces premières observations; et l'on put scruter, cette fois, jusqu'aux moindres détails.

Il y avait là plusieurs lignes parallèles, étagées jusqu'au sommet du coteau, et, derrière celles-ci, sur l'autre versant, où la déclivité du terrain nous dérobait les escadrons, on voyait dépasser la pointe de leurs lances. On pouvait évaluer très approximativement, à 2,000 tout au moins, le nombre de ces cavaliers. Déjà, ils avaient envoyé vers nous, à quelques centaines de mètres, un peloton d'avant-garde, qui se dissimulait mal derrière un petit bois. Une attaque du convoi paraissait iminente.

Mais celui qui le commandait, — le capitaine de gendarmerie Tailhade, Prévôt du 23me corps, —était un soldat énergique. Il prit, sans plus tarder, ses dispositions.

Il n'avait à employer que nos quatre compagnies, dont les marches forcées des derniers jours avaient singulièrement diminué l'effectif, — et quelques hommes d'escorte disséminés autour des voitures. Le tout n'atteignait pas 300 où 350 hommes.

Heureusement, le canal de Saint-Quentin s'offrait, comme un rempart naturel, dont il sut fort habilement tirer parti.

Il y mit à l'abri son convoi, de Bellenglise à Bellicourt. Pour couvrir une sorte de pont, qui donnait accès à la route, par-dessus le canal, il envoya, sur l'autre bord, notre 1re compagnie se loger dans un bouquet d'arbres. Puis, tout le long de la rive taillée à pic, qui forme une inaccessible tranchée, il égrena le bataillon, et les escortes particulières qu'il ramassait à mesure, auprès des chariots. A l'extrémité de ce retranchement, au point où le canal, devenant souterrain, ne défend plus la route, des fractions des 2me et 3me compagnies passèrent aussi sur l'autre rive; et, gravissant le talus escarpé, s'établirent dans des trous profonds, creusés là comme à souhait (1).

(1) Toutefois, on avait, là, le canal à dos ; et la retraite était presque impossible à ces tirailleurs.

Deux hommes y tenaient à l'aise. Ils y disparaissaient jusqu'à la tête ; et, double avantage, fit observer un caporal, il ne leur fallait plus, en cas de malheur, que deux ou trois pelletées de terre.

La position était des plus fortes.

Le soldat le sentait ; et confiant dans un commandement qui débutait ainsi, il était (presque oublieux de son état d'épuisement) redevenu goguenard, comme aux meilleurs jours.

Il est certain que nos fusils transformés suffisaient pour infliger à cette cavalerie les pertes les plus sensibles. Mais, au prix de ces sacrifices, une charge impétueuse aurait pu passer. Et la route une fois envahie, — à la faveur du désordre, qui se serait infailliblement jeté dans cette masse de chariots, et de non-combattans, — grâce aussi à l'énorme supériorité du nombre, on ne peut pas savoir ce qui serait arrivé.

Cependant, un succès de l'ennemi, sur ce point, aurait eu d'incalculables conséquences. Sans parler de la capture d'un important convoi, c'était notre aile droite tournée ; c'était, pour peu qu'on eut soutenu et renforcé les hulans, la retraite interceptée vers Cambrai. Aussi ne comprimes-nous point, alors, et ne comprenons-nous pas encore aujourd'hui, comment on n'en tenta pas la fortune.

De minute en minute, le canon, d'abord lointain,

Aussi, le capitaine Taillade, au bout de quelque temps, les rappela.

se rapprochait de nous, débordant avec une inquiétante progression la droite de la bataille. Un paysan survenait à Bellicourt, annonçant de l'infanterie derrière lui. Dix fois enfin, cette cavalerie parut s'ébranler, descendant le coteau; et toujours remontait, au bout de quelque pas.

Il y avait diverses causes à son hésitation. La difficulté, pour elle d'aborder nos positions; — l'attitude ferme et résolue de ceux qui les défendaient; — son ignorance de notre petit nombre, que dissimulait à distance, la longue étendue du convoi, — enfin le passage récent des Mobilisés du Pas de Calais, et le va et vient qui, s'établissant alors sur cette route, la fit évidemment supposer des plus fortement occupées.

Quoiqu'il en soit, on demeura, s'observant ainsi, tout le jour. Et, finalement, ces cavaliers se retirèrent (1).

Il pouvait être 4 ou 5 heures du soir. On ne sait comment le bruit s'était répandu que notre armée se repliait, — lorsque le capitaine Tailhade reçut, au contraire, l'ordre de ramener son convoi vers Saint-Quentin. On fit, en conséquence, tourner les voitures;

(1) Le lendemain, à *Neuville,* le général Robin, par deux ou trois reprises, chargea notre commandant de féliciter hautement le 2e bataillon, pour sa conduite au convoi.

Nous eussions été mis peut-être à l'ordre du jour de la Division, — si le général n'avait, à ce moment, cessé de la commander.

et, déjà, l'on s'était mis en mouvement, quand, sur une nouvelle indication, tout s'arrêta.

Nous restâmes, ainsi, dans l'incertitude. A mesure que gâgnait la nuit, le flot, toujours croissant, de ceux qui venaient du combat, remplissait la route. Une batterie d'artillerie envoyée de Cambrai, hésitait à poursuivre plus loin, à l'annonce d'une retraite. La foule des hommes et des voitures menaçait, en s'accumulant, d'intercepter tout passage.

Il nous fut, alors, définitivement commandé de rétrograder ; et le 2me bataillon, devenant avant-garde, se dirigea vers le Câtelet.

Il y forma les faisceaux dans la rue.

Tout défilait, maintenant, devant lui : cavaliers, fantassins, artillerie. Un général et son état-major ne faisaient que passer au galop.

Nos soldats s'étaient étendus sur le pavé, le long des maisons. L'exaltation, qu'amène toujours la possibilité du combat, s'était dissipée ; il ne leur restait plus, à présent, de ce jour et de la veille, que la sensation, de plus en plus écrasante, d'une lassitude immense.

Peut-être eussions-nous attendu longtemps encore des ordres que personne ne songeait à nous donner ; — lorsque parut le lieutenant-colonel Brabant, avec nos deux autres bataillons.

Ce nous fut, de part et d'autre, un grand soulagement. Nous etions, sans nous l'avouer, inquiets les uns des autres. Et les questions se pressèrent aussitôt rapides. Combien de monde avait-on perdu?

Qui tué ? Qui blessé ? — Hélas ! nos amis, constamment engagés au feu, ne revenaient pas tous. Les pertes, pour être peu nombreuses, n'étaient pas moins cruelles. Et nos compatriotes du sixième régiment avaient aussi payé le douloureux tribut (1).

Sur le champ, le lieutenant-colonel voulut emmener son régiment. On disait la route de Cambrai, coupée à Bonavy ; et les instructions étaient, en cette occurrence, de se rabattre, à gauche, sur Bohain et Le Cateau. Il fallait, dans tous les cas, se hâter.

Nous traversâmes Le Catelet. Et, d'abord, on marcha quelque temps de conserve. Mais, ensuite, à chaque instant, quelques-uns demeuraient en arrière. Vint le moment où, comme la veille, beaucoup de ces infortunés, demi-morts, s'évanouirent au fond des fossés..... (2).

Un brouillard opaque et dense assombrissait encore

(1) Nous apprîmes, plus tard, les détails.

Le colonel Amos, allant fumer sa pipe avec les tirailleurs, et chevauchant le long de leur ligne extrême ;

Le lieutenant-colonel Brabant circulant à cheval, sous les balles;

La 5me compagnie de notre 2e bataillon ramenant et sauvant un canon abandonné par ses servants.......

(2) Par contraste, il surnageait aussi, dans le nombre, quelques uns de ces Gaulois imperturbables, dont rien n'abat jamais la gaieté railleuse. L'un d'eux, en veine de récrimination contre cette vie de Juif-errant, commandait plaisamment à ses camarades éclopés : « *4me régiment de course, au trot ! !* »

ces horreurs. Il y en avait qu'on entendait râler et qu'on ne voyait pas.....

Peut-être ce brouillard ne nous fut-il point inutile. Il empêcha l'ennemi de connaître le désordre où nous avait mis l'épuisement. Quelques régiments de sa cavalerie eussent aisément balayé le chemin, et changé la débandade en déroute. Mais c'est à peine si deux ou trois coups de feu, dont la lueur étincela dans la brume, furent entendus sur notre droite; — à peine, si l'on eût le temps de remarquer cinq ou six cavaliers suspects qui, revêtus de capotes de Mobilisés, capuchon soigneusement rabattu, cheminaient au milieu de nos rangs, et se perdaient dans l'obscurité, sans répondre lorsqu'il leur était adressé quelque question (1).

Nous dépassâme ainsi Bonavy, où s'embranche la route de Péronne, sans que rien nous troublât.

On allait toujours en avant. Mais comme l'un de nous le dit alors, nous ne marchions plus avec les jambes, nous marchions avec le moral. Beaucoup aussi se mouvaient dans une sorte de somnanbulisme, — inconscients de ce qui les entourait; — et

(1) Le lendemain, à la gare de Cambrai, une personne digne de foi, et bien connue de la Brigade, nous assurait avoir rencontré et interpellé, le 19, au Catelet, quatre ou cinq cavaliers Allemands, sous la capote du Mobilisé.

Ils allaient, le long des maisons, observant, épiant, et parfois s'arrêtant pour écouter.

Il n'était pas, alors, plus de 5 ou 6 heures du soir. C'est à peine si notre convoi quittait Bellicourt.

comme s'ils eussent machinalement continué d'obéir à l'impulsion première, recue au point de départ.

En vue du rempart de Cambrai, on se compta. Nous arrivions trente deux : le colonel Amos, commandant la brigade, — le lieutenant colonel, — les trois chefs de bataillon, — venus à cheval ; — quatre capitaines, — un lieutenant, — un sous-lieutenant, une vingtaine de gardes environ (1).

Il était 4 heures du matin.

Il y avait donc (depuis le 18, 5 heures du matin, jusqu'à ce moment, 20 janvier 4 heures), et sauf deux où trois heures de prostration à Fayet, — QUARANTE-SEPT HEURES CONSÉCUTIVES QUE CES SOLDATS MARCHAIENT OU COMBATTAIENT ! !

L'inondation entourait une partie de la ville.

Il ne fut point facile de découvrir une poterne accessible.

Lorsqu'elle s'ouvrit, un poste de gardes-nationaux sédentaires en défendait l'entrée. La consigne était de livrer le passage aux cavaliers et aux officiers; mais de repousser la troupe, et de l'envoyer à un endroit, appelé *Neuville*, juste à l'opposé de l'enceinte.

C'en était trop !

Un capitaine éclata : et déchargea la révolte de

(1) Encore, deux ou trois avaient-ils eu la chance de suivre dans une voiture.

La 2me compagnie du 2e bataillon comptait, là, 12 hommes y compris le capitaine.

son cœur, en termes indignés. Cette poignée des plus intrépides, ne l'avait-on ramenée au prix de tant d'efforts, que pour la voir accueillie, à l'égal d'une bande de malfaiteurs en rupture de chiourme! Il n'entrerait, lui, qu'avec ses soldats. Et, jusque là, c'était sa volonté de se coucher au milieu d'eux, au travers de la route fangeuse, — en attendant les civières d'hôpital!

Il sortit. Un autre capitaine, qui, pourtant, n'ayant, là, rien de sa compagnie, pouvait plutôt s'en dispenser, suivit son exemple. La poterne se referma derrière eux.

Le lieutenant-colonel, que tout ceci, nâvrait, en s'éloignant, promis d'intervenir.

En effet, au bout d'une demi-heure environ, la porte s'ouvrait de nouveau devant nous. Et le poste des sédentaires, en portant les armes, regardait avec stupeur, défiler, sous des haillons sordides, cette vingtaine de fantômes, aux mains gantées de boue, aux visages noircis, qu'altérait une indicible souffrance. C'était, pour le moment, le 4me régiment de marche.

⁂

20 *janvier*.

Une confusion indescriptible était dans Cambrai. Les armes, les chariots, les caissons, encombraient les places et les rues. Des soldats s'endormaient debout, et laissaient échapper leur fusil. Un coup de feu partit ainsi, qui tuait, sur la place, une pauvre jeune fille.

A la gare, c'était pis encore. Marins, Mobiles, détachements de tous les corps, s'y pressaient tumultueusement.

On entendait, alors, le canon, qui tirait sur la ville, atteignant les faubourgs. On disait que la gare allait être attaquée; et l'on se préparait à la défendre.

Le premier train militaire ne quittait Cambrai que vers 8 heures du soir, emportant les fusilliers marins, et des fractions de troupe de ligne. D'autres trains succédèrent, autant que le permit l'insuffisance du matériel. La voie n'était donc point coupée, comme on le redoutait.

Ce que l'on avait pu réunir du 4e de marche, se trouvait à *Neuville*, — où l'on avait fini par l'installer, comme pour un séjour.

Mais, vers minuit, on ordonna le départ : — et traversant la citadelle de Cambrai, dont on ouvrit les portes, il fut enfin embarqué dans un train pour Douai (1).

(1) L'escorte du caisson et des voitures du régiment, et le capitaine en second, de la 2e compagnie du 2e bataillon, qui la commandait, franchirent, encore à pied cette étape de nuit.
On devine aisément dans quel état, ils entrèrent, le 21, dans Douai.

21, 22, 23 *Janvier.*

A la gare de Douai, le régiment fut relégué dans un hangar à marchandises, pour attendre le jour.

A l'ouverture des portes, il sortit de l'enceinte, et s'en vint cantonner au faubourg *Notre-Dame*, et à *Sin le Noble,*

C'est là que le rallièrent successivement, pendant les deux jours qui suivirent, beaucoup d'isolés et quelques prisonniers évadés.

VI

GARNISON DE DOUAI

Sin-le-Noble allait recommencer Equerchin, Mercatel, et Boileux-St-Marc.

Mais il était par trop scandaleux de persister à nous interdire les villes, tandis que l'on maintenait dans Douai, des bataillons qui n'en avaient bougé de toute la campagne.

Le 24 Janvier, nous franchîmes enfin la porte, dite de Valenciennes, et nous reçumes des billets de logement chez l'habitant.

Depuis son départ de Lille, le 16 décembre, le 4me régiment de marche n'avait plus jamais séjourné dans une ville.

Beaucoup, au premier moment, s'y trouvèrent singulièrement dépaysés.

Nous ne nous figurions point en campagne, pendant que nous menions la dûre vie du soldat, — que la France eut encore de ces recoins placides, où l'existence, après comme avant la guerre, fût demeurée facile, à peine effleurée par les événements. Quoi! l'on allait encore à ses petites affaires? On cheminait indolemment dans le sentier de l'habitude? On se couchait, on se levait régulièrement à son heure? On faisait, tous les jours, ses deux ou trois repas?

C'était fabuleux, — mais cela était. Et la chose constatée, — l'étonnement disparu, — nous nous ruâmes à la curée, de toutes ces jouissances, dont nous avions été sevrés si longtemps.

On se noya dans des bains parfumés,— comme si tous les baumes de l'Orient eussent dû suffire à peine à laver nos souillures. On eut du linge, des vêtements propres (1): et quand ensuite on voyait son image reflètée d'aventure, on ne se reconnaissait plus soi-même, et l'on se prenait pour un autre. Surtout on se satura de nourriture, jusqu'à cotoyer l'apoplexie: il nous semblait que ce fût là seulement une trêve de la famine; et que nous n'emmagasinerions jamais assez.

Et, de fait, à peine introduits dans Douai, — nos chefs nous avaient avertis de calculer sur un prochain départ, et de nous y tenir constamment préparés à toute heure de jour et de nuit.

L'ordre pouvait venir, à présent. Nous étions prêts.

Il ne vint pas. Mais, en sa place, l'annonce de la

(1) Par exemple, ce ne fut pas avant quinze jours au moins que nous réussîmes à réintégrer nos pieds gonflés, dans nos bottes d'avant la guerre.

Nous pûmes aussi constater avec surprise tous les changements que ces cinq ou six semaines avaient amenés dans notre anatomie. Les os du thorax nous trouaient la peau; mais les jambes s'étaient enrichies de plusieurs muscles, à l'état rudimentaire autrefois, et que la marche avait mis en saillie.

catastrophe nous tomba comme un coup de foudre: Paris ! notre grand, notre héroïque Paris avait été livré !!

Puis, on connut l'armistice......... C'était donc bien vraiment la chute irremédiable ? Etait-ce ainsi que nous devions finir !

La première stupeur passée, — au souffle fortifiant qui partait de Bordeaux, on releva la tête ; et chacun fit effort pour rentrer en possession de lui-même.

Fallait-il donc s'abandonner ainsi? et dans les situations les plus désastreuses en apparence, ne peut-on point parfois rencontrer le salut? Sans doute, on n'entrevoyait pas encore d'où l'attendre ; mais plutôt que de se résoudre à accepter l'idée poignante du démembrement, l'esprit se cramponnait à tous les espoirs, comme il se lançait dans toutes les spéculations.

L'apparition à Lille, du Ministre Gambetta acheva ce que sa parole avait commencé. Celui qu'on a si justement nommé « *l'âme de la défense,* » (1) y galvanisa les ardeurs. On voulut que le Nord se disposât à tout événement.

Déjà le général Faidherbe avait activement poursuivi la réorganisation de son armée.

Il avait, au lendemain de Saint-Quentin, placé notre 2e division du 23e corps, sous le commande-

(1) Général Faidherbe : *Campagne de l'armée du Nord*, page 72.

ment supérieur du général Isnard (1) ; et nous aussi fûmes rapidement reconstitués.

On renouvela ou compléta l'habillement et l'équipement.

On ne pouvait malheureusement point nous changer nos fusils ; mais ils furent, *pour la première fois*, l'objet d'une inspection et de réparations.

On se préoccupa de l'instruction. *Pour la première fois* encore, (2) le régiment eut licence de tirer à la cible. Il eut régulièrement ses heures d'exercices : le matin, dans la ville, de 7 h. 1/2 à 8 h. 1/2; l'après-midi, au polygone, de 1 h. 1/2 à 5 heures et quelquefois 6 h. On apprit là, l'école de bataillon, qu'on ne connaissait point.

Enfin, on compléta les bataillons à six compagnies; et, pour se conformer aux prescriptions ministérielles (3), on remania les cadres, — ramenés désormais au maximum de trois officiers par compagnie (4).

Le quatrième de marche était, dans la Mobilisée, un des plus vieux régiments. Il fut immédiatement et facilement remis en état.

(1) Auparavant, colonel, commandant une brigade du 22e corps.

(2) Ce fut aussi l'unique et dernière fois ; il fallait ménager les cartouches.

(3) En date, à Bordeaux, du 16 janvier 1871.

(4) Ordre du général du 26 janvier 1871. — Ordre de la division, n° 115, 2 février 1871. — Rapports des 13 et 17 février. (Voir à *l'appendice* B).

Dès le 3 février, le général Isnard lui témoignait hautement sa satisfaction, pour sa bonne tenue (1).

Et, le 26 du même mois, le général en chef félicitait, lui-même, toute la division, à la suite d'une revue, où il avait (disait-il), constaté : « les progrès remarquables qu'elle avait faits, sous le rapport de la tenue, de la discipline et de l'instruction militaire (2). »

Nous étions donc, — la résistance continuant, — à la disposition du pays, pour une nouvelle campagne.

Si, à la vérité, notre armement était demeuré le même, — du moins, l'expérience individuelle acquise par le soldat, avait permis à chacun de nous, sous les autres rapports, de corriger bien des imperfections.

D'autre part, la division etait maintenant «aguerrie»; elle constituait « une force militaire d'une valeur réelle.» (3).

Enfin, — point capital, — elle avait confiance en ses chefs.

Le général Isnard, dont l'exquise courtoisie se trouvait encore rehaussée par le contraste avec l'attitude rogue et souvent peu convenable de certains officiers de son état major, — avait, du premier jour, conquis nos sympathies. Sa carrière militaire antérieure nous

(1) Ordre de la division du 3 février 1871.
(2) Ordre du jour du général en chef. (Voir à *l'appendice* A).
(3) Ordre du général en chef, du 26 février 1871.

donnait foi. Nous avions, avec bonheur, passé sous son commandement.

Quant à notre glorieux général en chef, chacune des trois périodes de son entreprise avait accru l'admiration du soldat. On saluait en lui, — comme la France entière, et l'ennemi lui-même, — la science militaire la plus élevée, la persistance héroïque, et cette stratégie, à la fois audacieuse et prudente, qui seule rendit possible et prolongea cette étonnante campagne de l'Armée du Nord. A l'admiration se joignait la reconnaissance. Car nous ne lui devions pas seulement l'honneur d'avoir, sous ses ordres, utilement servi la Patrie ; nous lui devions aussi de la pouvoir servir encore, après Pont-Noyelles' Bapaume, St Quentin, — et d'avoir été constamment préservés, là où quelqu'un de ces généraux sabreurs, écuyers de la bande Impériale, nous eut fait infailliblement prendre en bloc, d'un seul coup de filet.

Oui, — dans ces conditions, — si la guerre avait recommencé (1), la Division Mobilisée tout entière,

(1) Nous le crûmes à plusieurs reprises.

Le 22e corps s'embarquait à Dunkerque. Beaucoup pensaient, alors, que nous l'aurions suivi, pour constituer à Cherbourg une armée nombreuse, et jouer, contre l'envahisseur, une dernière partie.

Nous devions, suivant d'autres, demeurer employés, dans le Nord, à la défense des places fortes.

En tous cas nous étions prêts à partir au premier signal. Et notre approvisionnement de cartouches, à cet effet avait été, le dimanche, 26 février, entièrement complété.

et le 4me régiment de marche en particulier, auraient, sous de tels chefs, répondu dignement à l'espoir de la France.

Oui, — sans dissimuler que la lassitude de la lutte avait gagné beaucoup, dans nos rangs comme dans le pays, — chacun, y compris même ceux-là, n'eut pas moins fait son devoir, et dévoué sa vie pour le salut commun.

Mais l'occasion ne nous fût plus offerte. Et la garde-nationale Mobilisée allait être dissoute.

Le 4 Mars, nous passâmes la dernière revue de l'Intendance. Le même jour, l'équipement, le campement, les munitions, les armes, furent versés dans les magasins de l'État (1).

Le dimanche, 5 Mars, on nous licencia. Et, tout le jour, la gare de Douai fut envahie par une foule, impatiente de regagner ses foyers.

La joie du retour éclatait seule chez la plupart ; et bannissait tout autre sentiment.

Mais quelques-uns songeaient, à l'écart, — à qui cette joie faisait mal, et qui ne se pouvaient défendre d'une incommensurable tristesse.

Plus du tiers de la France foulé par l'invasion ; — nos finances ruinées pour longtemps ; — tant de milliers de braves inutilement sacrifiés ; — et, suprême douleur, auprès de laquelle tout le reste

(1) Ce qui survivait du bataillon des Voltigeurs-volontaires traversa Douai, reportant les fusils, un crêpe noir, en signe de deuil et de protestation, à chaque baïonnette.

n'était rien : la Patrie, démembrée de ses deux plus patriotiques provinces ; nos frères d'Alsace et de Lorraine, livrés par une Assemblée Française à la servitude de l'Étranger !!!

Ah ! le désastre était bien complet ! Et, — sentiment plus accablant, — nous n'en devions accuser que nous-mêmes. C'était la dure revanche de la morale, outragée sans pudeur, pendant vingt ans d'Empire. C'était pour cette nation, que son long acquiescement au crime de décembre, avait rendue complice, — c'était l'impitoyable châtiment. Homme ou peuple, — on ne gagne jamais rien à s'avilir ; on ne trafique jamais impunément de la conscience. Eternels ennemis du progrès, — implacables et pusillanimes conservateurs de toutes les tyrannies du passé, — voilà comment ce sauveteur de sociétés prétendues en péril, devenu votre maître, vous avait assuré l'ordre ! comment il a su préserver, pour vous-mêmes, et la *Famille* et la *Propriété*....

Hélas ! ce n'est pas tout encore.

Par de là ces conséquences immédiates et tangibles, il en est d'autres, s'il se peut plus fatales, — dont nul ne se flatterait de mesurer le terme, et dont la France, ici, n'est plus seule à souffrir.

Mettons-nous la main sur le cœur. Que chacun de nous s'interroge. Tous, tous, — jusqu'aux meilleurs d'entre nous, qui flétrissaient la guerre, au nom de la raison, — n'est-il pas vrai que nous allons, maintenant, aspirer après l'heure où il nous sera permis de reporter l'humiliation, sur le Rhin, aux insolents qui nous l'ont infligée? N'est-il pas vrai que, plus que jamais, nous ne gouterons ni repos, ni joie, tant que nous n'aurons pas essuyé la poussière du blason national; tant que des Français seront courbés sous la livrée Allemande, et nous tiendront les bras? N'est-il pas vrai, — je le demande à tous, — que nous ne subissons pas la paix, mais la trève?

Ainsi, voilà, de nouveau, le Monde, rejeté, malgré lui, dans les voies de la violence et de la haine. Voilà de nouveau, le génie humain, détourné de la recherche féconde de tout ce qui produit, égaré dans la poursuite stérile de tout ce qui détruit.

Amélioration matérielle et morale du sort du plus grand nombre; apaisement par la solution progressive des problèmes sociaux; Fraternité, — des hommes, étendue jusqu'aux peuples: — autant de nos rêves d'hier, que, peut-être, aujourd'hui recule à plus d'un siècle. Comme si, vraiment, l'Humanité fut inflexiblement confinée dans ces inexorables *ricorsi*, où Vico la promène, — perpétuellement ramenée au point de départ, roulant ainsi dans un cercle éternel.

Ah! nous nous souviendrons du dernier Bonaparte!

VII

CONCLUSION

J'ai voulu constater dans quelle large mesure, le Département du Nord, en général (1), et l'Arrondissement de Valenciennes, en particulier, contribuèrent à l'œuvre de la défense nationale.

J'ai voulu surtout mettre en lumière, par l'exemple d'un Régiment (2), ce que fut le concours des Gardes-nationaux Mobilisés.

L'enthousiasme ? ils l'avaient au début.

La résignation héroïque à des misères inouies ? l'énergie surhumaine qui les surmonte? ils en ont

(1) Il n'est que juste d'en reporter le mérite à ceux qui, pendant la crise, avaient courageusement accepté la lourde responsabilité du pouvoir local:

MM. Testelin, Commissaire général de la défense pour les quatre départements du Nord, du Pas de Calais, de l'Aisne et de la Somme ; Pierre Legrand, préfet du Nord ; Baron, d'abord secrétaire-général, ensuite préfet par *intérim*.

(2) Mais il ne faudrait pas juger des pertes de la division, par celles du 4e de marche.

Il y a des chances heureuses ou malheureuses, pour les collectivités, comme pour les individus.

Et si le 4e a relativemsnt peu souffert du feu de l'ennemi, d'autres régiments ou bataillons Mobilisés ont été bien plus éprouvés, imperturbablement offert l'admirable spectacle, du premier jusqu'au dernier jour (1).

Le courage? ils ont eu mieux que l'élan d'un moment, effervescence du sang qui bouillonne au cerveau; jamais ils ne se sont départis de ce courage plus difficile, calme, voulu, raisonné, grâce auquel, et demi-mort de faim, de fatigue ou de froid, presque sans armes, on peut encore affronter le danger. et méprisant la mort, demeurer intrépidement à son poste.

Conservant sous l'habit du Soldat, le cœur du Citoyen, — ils s'étaient donnés tout entiers, sans réserver rien d'eux-mêmes. Ils ont, sans défaillance, connu et pratiqué toutes les formes du dévouement et de l'abnégation.

Qu'auraient donc fait de plus, les détracteurs, s'il en existe encore? et qu'auraient-ils pu davantage?

(1) Le colonel Alexis Bel nous appelle, quelque part, les *Parias Français* (page 12 de sa brochure),

Nous étions, à coup sûr, les *Parias de l'Armée*. Et l'organisation défectueuse, ou même tout à fait nulle, des services accessoires, doubla toujours, pour nous, les souffrances.

FIN

APPENDICE

APPENDICE

A

Nous réunissons, ici, les ordres du jour du général Faidherbe.

§

Ordre du jour du général Faidherbe, en prenant possession de son commandement.

Officiers, sous-officiers et soldats.

Appelé à commander le 22me corps d'armée (1) mon premier devoir est de remercier les administrateurs et les généraux qui ont su, en quelques semaines improviser une armée qui s'est affirmée si honorablement les 24, 26 et 27 novembre, sous Amiens.

J'exprime surtout ma reconnaissance au général Farre qui vous commandait, et qui, par une habile retraite devant des forces doubles des siennes, vous a conservés pour le service du pays.

(1) Le 23e corps n'était pas encore formé.

8

Vous allez reprendre de suite les opérations avec des renforts considérables qui s'organisent chaque jour, et il dépendra de vous de forcer l'ennemi à vous céder à son tour le terrain.

Le ministre Gambetta a proclamé que pour sauver la France, il vous demande trois choses : la discipline, l'austérité des mœurs, et le mépris de la mort.

La discipline, je l'exigerai impitoyablement.

Si tous ne peuvent atteindre à l'austérité des mœurs, j'exigerai du moins la dignité et spécialement la tempérance. Ceux qui sont aujourd'hui armés pour la délivrance du pays sont investis d'une mission trop sainte pour se permettre les moindres licences en public.

Quant au mépris de la mort, je vous le demande au nom même de votre salut. Si vous ne voulez pas vous exposer à mourir glorieusement sur le champ de bataille, vous mourrez de misère vous et vos familles sous le joug impitoyable de l'étranger. Je n'ai pas besoin d'ajouter que les cours martiales feraient justice des lâches, car il ne s'en trouvera pas parmi vous.

Le 5 décembre 1870.

Le général de division commandant le 22me corps d'armée,

L. FAIDHERBE.

§

Ordre du jour du général en chef, après la bataille de Saint-Quentin

Douai, 21 janvier.

Soldats !

C'est un devoir impérieux pour votre général de vous rendre

justice devant vos concitoyens. Vous pouvez être fiers de vous-mêmes, et vous avez bien mérité du pays.

Ce que vous avez souffert, ceux qui ne l'ont pas vu ne pourront jamais se l'imaginer, et il n'y a personne à accuser de ces souffrances, les circonstances seules les ont causées.

En moins d'un mois vous avez livré trois batailles et plusieurs combats à un ennemi dont l'Europe entière a peur. Vous lui avez tenu tête. Vous l'avez vu reculer maintes fois devant vous, vous avez prouvé qu'il n'est pas invincible et que la défaite de la France n'est qu'une surprise amenée par l'ineptie d'un gouvernement absolu.

Les Prussiens ont trouvé dans de jeunes soldats à peine habillés et dans des gardes-nationaux des adversaires capables de les vaincre. Qu'ils ramassent vos traînards, et qu'ils s'en vantent dans leurs bulletins, peu importe ! Ces fameux preneurs de canons n'ont pas encore touché une de vos batteries.

Honneur à vous !

Quelques jours de repos et ceux qui ont juré la ruine de la France nous retrouveront debout devant eux.

Le Général en chef de l'Armée du Nord,

L. FAIDHERBE.

§

Ordre du jour du général en chef.

26 février 1871.

Général,

La revue que je viens de passer de votre 2me division, celle des Mobilisés, m'a permis de constater les progrès remar

8.

quables qu'elle a faits, sous le rapport de la tenue, de la discipline et de l'instruction militaire.

Cette division présente aujourd'hui l'aspect le plus satisfaisant ; et aguerrie, comme elle l'est, par la part très-honorable qu'elle a prise aux trois batailles de Pont-Noyelle, de Bapaume et de Saint-Quentin, elle constitue dès à présent une force militaire d'une valeur réelle. Veuillez lui transmettre mes félicitations.

Le Général en chef,

FAIDHERBE.

Le général, commandant le 23e corps, a l'honneur de transmettre à la division les appréciations si justement méritées du général en chef, et d'y joindre toutes les marques de sa satisfaction.

PAULZE D'IVOY.

§

Ordre du jour à l'occasion du licenciement des gardes-nationaux mobilisés

Gardes-nationaux mobilisès de la région du Nord, vous êtes licenciés par ordre du Gouvernement. Je ne veux pas vous laisser partir sans vous adresser mes adieux. Vous qui avez rempli du premier jour au dernier, les dures obligations que vous imposait la défense du pays, vous allez rentrer dans vos familles, le cœur plein de la satisfaction que donne à l'honnête homme le devoir accompli. Vous serez honorés par vos compatriotes, et ce sera la légitime récompense de tout ce que vous avez fait et supporté depuis bientôt six mois ; je vous ai bien souvent plaints, dans les souffrances que vous occasionnait une organisation insuffisante, et j'ai reconnu qu'il y avait en vous les éléments d'une troupe d'élite, dont une nouvelle constitution de l'armée saura, je l'espère, tirer parti.

Quant à ceux qui se sont soustraits à l'accomplissement de leur devoir par des moyens coupables, et que n'atteindraient pas les rigueurs de la loi, c'est à l'opinion publique d'en faire justice; ils ont, dans leur vie, une tache qui ne doit pas s'effacer de longtemps.

Je termine, en remerciant les officiers (1) du zèle et du dévouement qu'ils ont apportés dans leurs fonctions, et grâce auxquels la plupart des légions avaient fait des progrès remarquables.

Le général en chef de l'armée du Nord,

L. FAIDHERBE.

§

Ordre de la Division

Officiers, sous-officiers du 23me corps,

Je ne me séparerai pas de vous, sans vous remercier tous, à

(1) Le colonel Alexis Bel (chap. VIII. de sa brochure) est loin de rendre la même justice aux cadres de la Mobilisée.

Il n'a, il est vrai, pu connaître que les officiers du Dépôt.

Quant aux officiers de la division active, constamment engagée au feu, où le colonel Bel n'était point, ils ne se sont jamais trouvés sous son commandement.

Ses appréciations ne peuvent donc s'adresser à nous. Et dans tous les cas, le témoignage de nos chefs supérieurs, celui du général Faidherbe, celui du général Paulze d'Ivoy, nous suffisent.

quelque degré que vous soyez placés, du concours que vous m'avez prêté pour accomplir la tâche rude et laborieuse que nous avions à remplir, et que vous m'avez rendue si facile.

Nous pourrons être fiers de compter dans notre existence militaire, la campagne d'hiver que nous avons faite ensemble, et dans laquelle le 23me corps a livré cinq combats contre des forces de beaucoup supérieures aux siennes, sans que son moral ait un instant faibli.

Vous allez rentrer, les uns dans vos garnisons, les autres dans vos familles, reprendre les travaux de la paix. Reportez-y l'esprit d'ordre et de discipline que vous avez contracté devant l'ennemi. Propagez-y l'amour de la France, de notre pauvre France aujourd'hui si malheureuse ; ne vivez que pour elle ; sachez profiter de la dure épreuve qu'il nous faut traverser, et, Dieu aidant, nous reprendrons un jour dans le monde, le rang qui nous est dû.

Quartier-général de Lille, le 3 mars 1871.

Le général de division, commandant le 23me corps,

PAULZE D'IVOY.

B

Rapport du 10 Février 1871.

Tous les bataillons des régiments composant la Division, sont constitués en six compagnies. Ces bataillons recevront des autres régiments, et leur donneront, suivant les cas, les officiers qui manqueraient ou qui seraient en excédant.

Dans tous les cas, on se conformera à la circulaire ministérielle, qui prescrit de n'avoir que trois officiers par compagnie.

L'officier payeur seul est placé hors cadres. Tous les autres officiers, ayant des emplois spéciaux, y compris l'officier d'armement et d'habillement, sont pris dans les compagnies. Le capitaine, faisant fonctions de major, conserve, malgré ces fonctions particulières, le commandement de sa compagnie. Il signe les pièces de comptabilité, dont il demeure seul responsable.

La reconstitution des régiments et bataillons se fera, à la date d'aujourd'hui 10 Février, et se terminera de façon à ce que les chefs de corps puissent en rendre compte le même jour, et faire savoir si Messieurs les officiers, nommés à de nouveaux postes, les ont rejoints. . . . .

Afin de rentrer dans les prescriptions réglementaires, les Brigades seront formées de la façon suivante. . . . .

2me Brigade.

2me bataillon de Voltigeurs (ancien 3me).

4me régiment de marche.

6me régiment de marche. — Colonel Amos, commandant la brigade.

Messieurs les sous-lieutenants qui, par suite de la nouvelle réorganisation, n'ont pas pu être placés dans les compagnies, seront mis à la suite, sans solde, et attendront une nomination qui les replacera dans les rangs.

Au rapport.

. . . .

L'état des officiers du quatrième régiment de marche se compose comme suit.

Etat-Major.

Lieutenant-colonel : M. Brabant (1) commandant le régiment.

Chefs de bataillon: MM. Legrand, commandant le 1er bataillon.
Dervaux, commandant le 2me bataillon.
Pillon, commandant le 3me bataillon (2).

Capitaines adjudant-major : MM. Boulanger, au 1er bataillon.
Rousseau, au 2me bataillon.
Bruneau, au 3me bataillon.

(1) Maire de la commune d'Onnaing, lors de l'appel. Volontaire dans la Mobilisée.

(2) On avait déplacé chacun de ces trois commandants. Il eût mieux valu ne pas les enlever à leurs bataillons respectifs, juste au moment où l'expérience de cette campagne leur avait appris à les bien connaître.

Quelques officiers de compagnies furent aussi transférés dans d'autres bataillons, et même d'autres régiments.

En cas de reprise des hostilités, on avait (dit-on) l'intention bien arrêtée d'appliquer plus largement ce système, et de changer, de même façon, tous les officiers. C'eût été la plus détestable mesure ; et l'effet déplorable s'en fût aussitôt fait sentir.

Médecins:	MM. Cayrol, (1) au 1er bataillon. Castiaux, au 2me bataillon. Ghisgant, au 3me bataillon.
Officier-payeur:	M. Binet, lieutenant.

Troupe.

1er Bataillon.

1re Compagnie.	MM. Victor Amand, capitaine. Edouard Amand, lieutenant. Dubruille, sous-lieutenant.
2me Compagnie.	MM. Cordier de Ribeauville, capitaine. Moriaux, lieutenant. Dofflénies, sous-lieutenant.
3me Compagnie.	MM. Bourgogne, capitaine (2). Blassiaux, lieutenant. Leconte, sous-lieutenant.
4me Compagnie.	MM. Riche, capitaine. Dayez, lieutenant. Weil, sous-lieutenant.
5me Compagnie.	MM. Dangreaux, capitaine. Pouille, lieutenant. Vasseur, sous-lieutenant.
6me Compagnie.	MM. Miroux, capitaine, faisant fonction de major. G. Legrand (du 2me voltigeur) Crowet, sous-lieutenant.

(1) Maire de la ville de Condé, lors de l'appel. Volontaire dans la Mobilisée.

(2) Le capitaine a commandé le bataillon, *par interim*, à défaut du titulaire.

2me *Bataillon*,

1re Compagnie.	MM. Robinot, capitaine. Le Barbier, lieutenant. Loriaux, sous-lieutenant.
2me Compagnie.	MM. Alfred Girard, capitaine (1). Cacheux, lieutenant. Coroënne, sous-lieutenant.
3me Compagnie	MM. De Préaudau, capitaine. Dubois, lieutenant. Déprez, sous-lieutenant.
4me Compagnie	MM. Patoir, capitaine. Joly, lieutenant. Gosselin, sous-lientenant,
5me Compagnie	MM. Miroux (A. L.), capitaine. Jouglet, lientenant. Quinchon, sous-lieutenant.
6me Compagnie	MM. Lévêque (du 2me Voltigeurs capitaine. Abrassart, lieutenant, faisant fonction d'officier d'armement. Lenfant, sous-lieutenant.

3me *Bataillon*.

1re Compagnie	MM. Leroux, capitaine. Wolcher, lieutenant. Costiaux, sous-lieutenant.
2me Compagnie	MM. Weil, capitaine. Moisnard, lieutenant. Legrand, sous-lieutenant.

(1) Ce capitaine a également rempli les fonctions de chef de bataillon, *par interim*. Membre du Comité Administratif de l'arrondissement de Valenciennes, lors de l'appel. Volontaire dans la Mobilisée.

3me Compagnie	MM. Pillon, capitaine.
	Léquipart, lieutenant.
	Moreau, sous-lieutenant.
4me Compagnie	MM. Bernier, (1) capitaine.
	Monchaux, lieutenant.
	Castel, sous-lieutenant.
5me Compagnie	MM. Lesens, capitaine.
	Douai, lieutenant.
	Jouglet, sous-lieutenant.
6me Compagnie	MM. Vallez, capitaine (2).
	Richard, lieutenant.
	Baudrin, sous-lieutenant.

Passeront, avec leurs grades, Messieurs les capitaines : Elie Cacheux, Montfort, Jurion, Baudry, Chevatel, au 6me régiment de marche. M. Mallez, capitaine adjudant-major, au 1er Voltigeurs ; Messieurs les lieutenants : Dubruille, Miroir, Deloos, Deltombe, Piette, au 6me régiment de marche ; Messieurs les sous-lieutenants : Laurette, Delhaye, au 3me de marche. M. Carpentier, aide-major, passera, en la même qualité, au 3me de marche. Messieurs les sous-lieutenants Crépin, Guyot, Delcroix, Lasseron, Wallez, sont placés à la suite.

Rapport du 13 Février 1871

. . . .

M. Guyot sous-lieutenant à la suite, remplira provisoirement les fonctions de son grade, à la 3me Compagnie du 2me bataillon.

(1) Agé de plus de 40 ans et marié, lors de l'appel. Volontaire dans la Mobilisée.

(2) A commandé son bataillon, *par interim.*

TABLE

Magny. — Imp. O. PETIT.

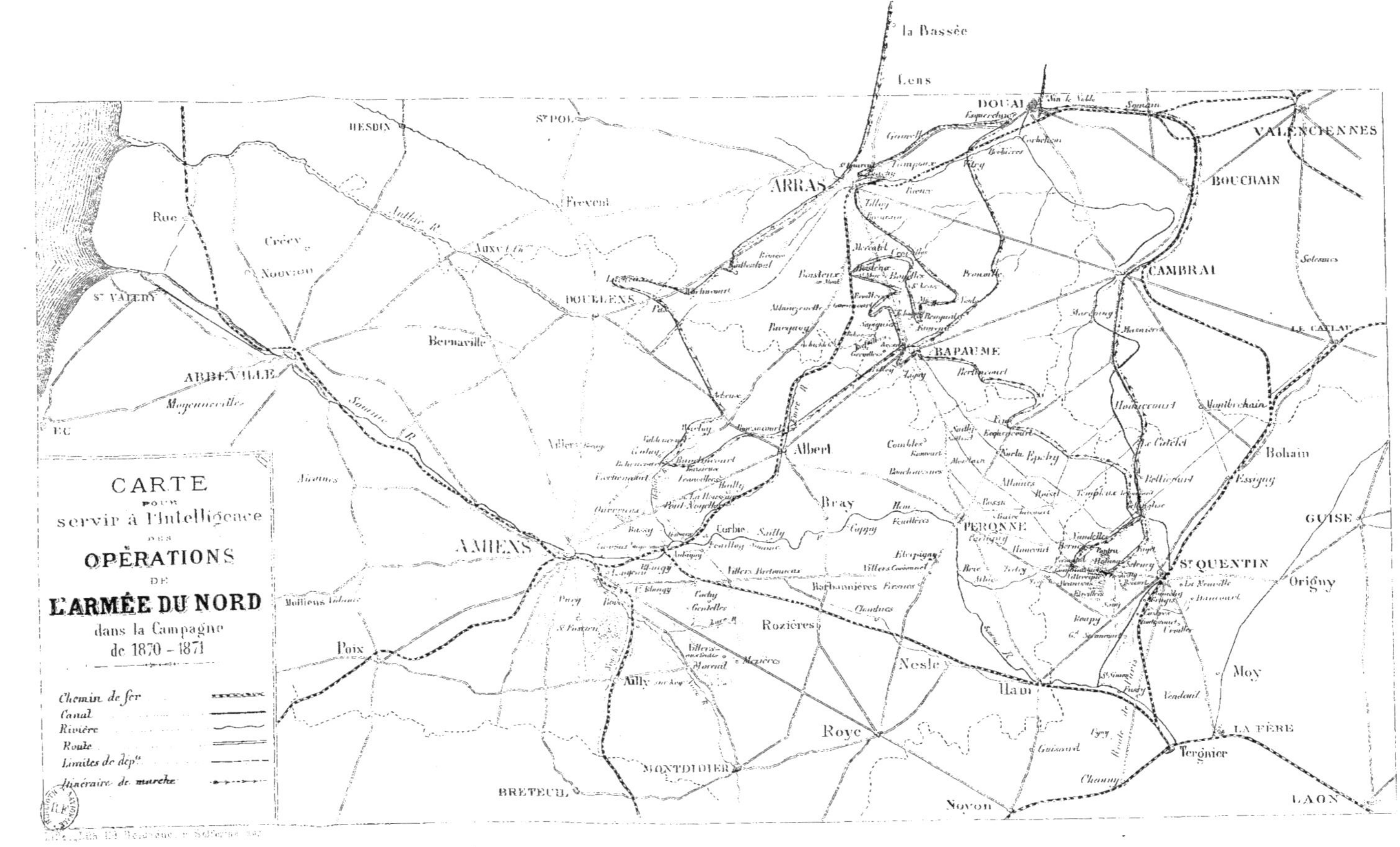
CARTE
pour
servir à l'Intelligence
des
OPÉRATIONS
de
L'ARMÉE DU NORD
dans la Campagne
de 1870 – 1871
Chemin de fer
Canal
Rivière
Route
Limites de dépts
Itinéraire de marche
la Bassée
Lens
DOUAI
VALENCIENNES
BOUCHAIN
ARRAS
HESDIN
St POL
Frevent
Rue
Crécy
Nouvion
St VALERY
DOULLENS
Bernaville
CAMBRAI
LE CATEAU
BAPAUME
ABBEVILLE
Albert
Bohain
GUISE
AMIENS
PÉRONNE
Bray
St QUENTIN
Origny
Poix
Rozières
Nesle
Moy
Ham
Roye
LA FÈRE
Tergnier
MONTDIDIER
BRETEUIL
Noyon
LAON

www.ingramcontent.com/pod-product-compliance
Ingram Content Group UK Ltd.
Pitfield, Milton Keynes, MK11 3LW, UK
UKHW012228240726
13966UKWH00003B/1009